GRÉGOIRE N
MIX & REI

HISTOIRE SUISSE

lep

Remerciements
Nous tenons à remercier, pour leur lecture attentive de l'ouvrage :
Cécile Collet, Théodora Desponds, Bernard Eltschinger, Gianni Haver,
Chantal Kalisperatis, Amélie et Louis Nappey-Barrail, Nicolas Peter,
Joëlle Simond, Dominique Rouyet

Directeur de collection : Vincent Kucholl
Collaboration éditoriale : Cyril Jost
Conception et réalisation : NK Editions, Le Mont-sur-Lausanne
Relecture : Anne Leroy, *Leroy*lire, Lausanne

Le Mont-sur-Lausanne
ISBN 978-2-606-01200-7
LEP 920223 A5

www.editionslep.ch

Imprimé en Suisse
V 0609 10PCL

Table des matières

Introduction

Quelles sont les origines de la Suisse ? Qu'est-ce qui a poussé une poignée de vallées alpines à former l'une des plus anciennes démocraties du monde ? Qu'y avait-il dans cette région d'Europe avant la naissance de la Confédération ? Comment une nation a-t-elle pu naître en se jouant des barrières linguistiques ?

Ce livre propose de raconter de manière condensée, claire et accessible ce qui s'est passé sur le territoire suisse, depuis la première trace humaine il y a 450 000 ans jusqu'à nos jours.

L'approche retenue est chronologique et ne se veut pas exhaustive ; pour faire simple, il faut faire des choix, et ce sont ici les principaux jalons de l'histoire suisse qui ont été retenus. Renforcé par des cartes, une chronologie et un index, cet ouvrage entend fournir au lecteur les principales clés qui lui permettront de se repérer dans les différentes périodes de l'histoire du pays.

Les événements du passé influencent notre quotidien ; s'intéresser aux racines de la Suisse, c'est se donner les moyens de comprendre ce qu'elle est aujourd'hui et de mieux appréhender les défis de l'avenir.

Avant la Suisse
(préhistoire - 1291)

L'homme des cavernes et les lacustres
Nos ancêtres les Celtes
L'Helvétie sous l'Empire romain
Religions et langues : les origines
Des Francs au Saint Empire

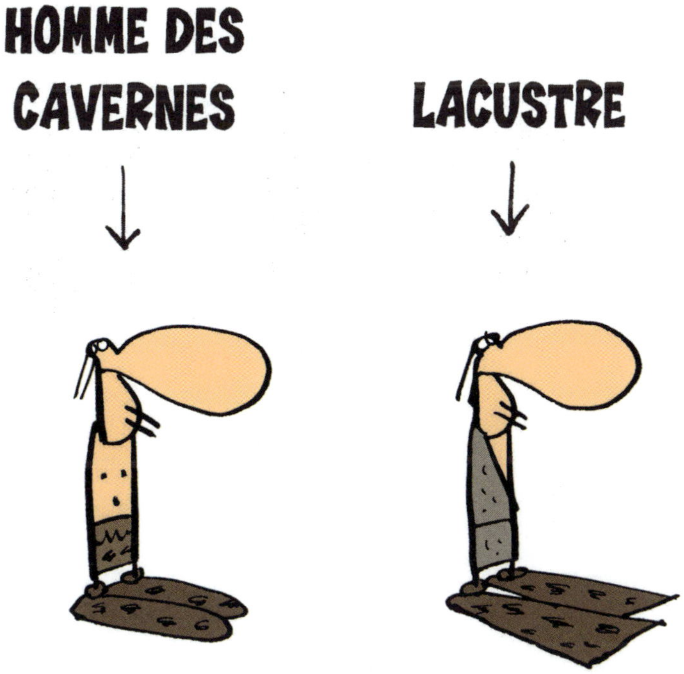

450 000 av. J.-C.-800 av. J.-C.

L'homme des cavernes et les lacustres

La Terre s'est formée il y a 4,6 milliards d'années, mais l'homme n'y est apparu qu'il y a 2,5 millions d'années.

Durant la préhistoire (avant l'invention de l'écriture), la Suisse connaît plusieurs glaciations. L'homme y survit et se développe. Lorsque le climat se tempère, des populations appelées lacustres s'installent aux bords des lacs.

L'antiquité succède à la préhistoire. L'homme maîtrise alors l'utilisation de plusieurs métaux.

L'apparition de l'homme

- La plus ancienne trace d'occupation humaine sur le territoire suisse date de 450 000 av. J.-C.; c'est une pierre taillée découverte à Pratteln (BL).
- Au plus fort de la dernière **ère glaciaire** (120 000 à 10 000 av. J.-C.), presque toute la Suisse est recouverte d'une épaisse couche de glace (dans la région de Lausanne, elle atteint 1 000 mètres d'épaisseur). On sait pourtant que des hommes et des animaux (notamment des mammouths et des rhinocéros laineux) y vivaient malgré ce climat extrême.

Néandertal et Cro-Magnon

A cette époque, deux espèces d'« hommes des cavernes » peuplent la Suisse :
- l'homme de Néandertal qui s'est éteint vers 35 000 av. J.-C. ;
- l'homme de Cro-Magnon (***Homo sapiens*** ou « homme savant ») qui a peuplé toutes les terres habitables du globe ; c'est l'ancêtre de l'homme moderne.

L'homme de Cro-Magon habitait dans des huttes, à l'entrée des grottes ou sous de simples abris rocheux. Il utilisait des outils en os et en silex. Il vivait principalement de la chasse, maîtrisait le feu et enterrait ses morts. Ses sculptures et peintures sont les plus anciennes « œuvres d'art » de l'Humanité.

En 2002, on a découvert, près de Porrentruy (JU), 700 empreintes de dinosaures datant de 150 millions d'années. A l'époque, la région connaissait un climat tropical; elle était recouverte d'une mer avec des lagons et des îles.

L'apparition de l'agriculture

- A la fin de la dernière ère glaciaire (vers 10 000 av. J.-C.), le climat devient plus tempéré et de vastes forêts recouvrent la Suisse.

- L'homme apprend à cultiver la terre et l'élevage se généralise. Les maisons sont faites en bois. La poterie voit le jour.

Apparue au Proche-Orient vers 7000 av. J.-C., l'agriculture met deux millénaires à gagner l'Europe occidentale.

Les lacustres

- Vers 4300 av. J.-C., des peuplades s'installent au bord de certains lacs, dont celui de Neuchâtel. On les appelle les « lacustres ».

Il y a différentes phases d'occupation des rivages, parfois espacées de plusieurs siècles. Durant ces intervalles, la vie continue de se développer ailleurs.

- Les lacustres cultivent des céréales, élèvent des animaux et pratiquent la chasse, la pêche et la cueillette. Ils vivent dans de petits villages faits de maisons accolées qui forment des rangées. Pour se protéger des crues, ces habitations sont parfois juchées sur une plate-forme surélevée à l'aide de pilotis.

- Avec le développement démographique, les villages s'agrandissent, se fortifient et l'agriculture s'étend. A l'**âge du bronze**, dès 2500 av. J.-C., la fabrication d'outils, d'armes et de bijoux se développent. Les métiers se diversifient et la société se hiérarchise. Certaines inventions, comme la roue, facilitent les échanges. Les plus anciennes roues d'Europe (2500 av. J.-C.) ont été découvertes dans la baie de Zurich et sur la côte neuchâteloise.

Durant la dernière période d'habitat lacustre, vers 1075 av. J.-C., certains villages comptent jusqu'à plusieurs centaines d'habitants. Les derniers sites sont abandonnés vers 800 av. J.-C.

Au XIXe siècle, on a découvert des restes de pilotis plantés dans le fond de plusieurs lacs suisses. C'est ainsi qu'est né le mythe des lacustres : on s'est imaginé des villages entiers construits sur des plates-formes reposant sur des pilotis plantés dans le lac et reliés entre eux par des passerelles. Ce tableau d'un passé glorieux a servi de référence lors de la création de la Suisse moderne après 1848. Au XXe siècle, les archéologues ont établi que la réalité était beaucoup moins prestigieuse.

800 av. J.-C.- 100 av. J.-C.

Nos ancêtres les Celtes

Au cours du dernier millénaire avant Jésus-Christ, les Celtes occupent une partie de l'Europe, dont le territoire suisse.

Il s'agit de plusieurs peuples cousins qui maîtrisent le travail du fer. Parmi eux, les Helvètes viennent s'installer sur le Plateau suisse vers 100 av. J.-C.

Les Helvètes sont nomades, avant d'être contraints par les Romains de s'établir sur le Plateau.

Les Celtes aimaient les belles parures et les beaux objets. Un grand bol en or pur d'origine méditerranéenne a été découvert dans la région zurichoise, ce qui démontre l'ampleur des échanges commerciaux qui avaient lieu à l'époque. Mais les Celtes ne faisaient pas qu'importer: quatre colliers et trois bracelets trouvés à Erstfeld (UR) sont l'œuvre de brillants orfèvres locaux.

Des spécialistes du fer

- Les occupants du territoire suisse durant l'**âge du fer** (dernier millénaire avant Jésus-Christ) appartiennent à la civilisation des Celtes, composée de différents peuples cousins qui vivent en Europe occidentale et centrale. Les Romains les appellent *Galli* (Gaulois), terme général qui s'applique ensuite aux seuls occupants de la Gaule (dont les Helvètes qui arrivent sur le territoire suisse entre 200 et 100 av. J.-C.).

Nyon, Yverdon, Soleure et Winterthour sont des noms d'origine celte.

- Les Celtes sont parmi les premiers à travailler le fer en Europe. Très répandu, ce minerai est plus difficile à travailler que le bronze, mais beaucoup plus solide. Les Celtes s'en servent pour fabriquer des glaives et des lances. Ce sont de redoutables guerriers.

- Les Celtes développent aussi la poterie au tour, introduisent la monnaie et généralisent l'utilisation du cheval.

D'un peuple celte à l'autre, la religion (dont les prêtres sont appelés «druides») et la langue sont similaires. Toutefois, les lois et coutumes peuvent varier considérablement.

La Tène

- La seconde partie de l'âge du fer (de 500 à 50 av. J.-C.) est appelé période de La Tène, du nom d'un site archéologique à l'extrémité nord du lac de Neuchâtel. Les fouilles y ont révélé que trois ponts enjambaient la rivière, la Thièle, ce qui permet de penser qu'il s'agissait d'un point de passage important.

- Durant cette période, les Celtes s'étendent en Europe. Ils vont jusqu'à Rome où ils sont vaincus par les Romains en 390 av. J.-C.

Les Helvètes en Suisse

- Les Helvètes sont un peuple celte qui arrive sur le Plateau suisse (appelé aussi Moyen-Pays) entre 200 et 100 av. J.-C.

  Le philosophe grec Posidonius (135-50 av. J.-C.) est le premier à mentionner les Helvètes. D'après ses écrits, ceux-ci sont « riches en or mais paisibles ».

- Il y a deux théories sur l'implantation des Helvètes dans l'actuel territoire suisse. Selon la première, ils seraient originaires du sud de l'Allemagne et auraient migré ensuite jusqu'au Plateau. Selon la seconde, les Helvètes auraient occupé un territoire s'étendant de l'Allemagne du sud jusqu'au Plateau dès leur origine.

- Dans sa *Guerre des Gaules*, Jules César (→ p. 12) évoque les Helvètes : quatre tribus (Tigurins, Verbigènes, Tulinges et Latobices) et douze villes, probablement des sites naturels aménagés en bourgs fortifiés, à l'image de celui construit dans une boucle de l'Aar, près de la future ville de Berne.

- Les Helvètes sont d'abord des peuples nomades. Vers 110 av. J.-C., deux des quatre tribus se joignent à l'expédition d'un peuple germain venu du nord (les Cimbres) et partent en Gaule (France actuelle). En 107 av. J.-C., **Divico**, qui est à la tête d'une de ces tribus, écrase les Romains près d'Agen (sud-ouest de la France actuelle). Toutefois, après quelques succès, la victoire change de camp, et les Helvètes doivent rentrer sur le Plateau pour échapper au massacre.

- Formellement, les Helvètes ont tous le même statut social, mais les activités économiques permettent l'enrichissement de certains et la création d'une aristocratie. Ils utilisent l'alphabet grec.

  L'écriture a été inventée vers 3000 av. J.-C. en Mésopotamie (Irak actuel) et en Egypte. Les Phéniciens (peuple issu de la côte est de la Méditerranée) ont imaginé un alphabet vers 1500 av. J.-C. Celui-ci a été amélioré ensuite par les Grecs et les Romains (alphabet latin actuel).

Au Ier siècle av. J.-C., outre les Helvètes, d'autres peuples celtes occupent la Suisse : les Rauraques vers Bâle, les Sequanes en Ajoie (JU), les Allobroges à Genève, les Nantuates dans le Chablais (VD/VS), les Véragres dans la région de Martigny (VS) et les Sédunes autour de Sion (VS). Les Ubères vivent dans le Haut-Valais ; on les rapproche des Rhètes, qui occupent l'est du pays (GR) et qui ne sont pas celtes. Au sud des Alpes (TI notamment) vivent les Lépontiens, celtes d'origine mais déjà sous domination romaine depuis 200 av. J.-C.

100 av. J.-C. - 476 apr. J.-C.

L'Helvétie sous l'Empire romain

Durant leur migration, les Helvètes sont battus par les Romains, qui colonisent la Suisse actuelle.

Devenue zone frontière de l'Empire, l'Helvétie acquiert une importance stratégique. L'occupation romaine est une période de prospérité.

Les invasions barbares font fuir les Romains. De nouveaux peuples s'installent en Helvétie.

La défaite des Helvètes

- Au Ier siècle av. J.-C., les Romains sont déjà à la tête d'un vaste empire. L'une de leurs provinces comprend Genève. C'est de là que **Jules César** part à la conquête de la Gaule, dont les Helvètes font partie.

- En 58 av. J.-C., 368 000 Helvètes (dont 92 000 guerriers) brûlent leurs villes et villages avant de partir à l'ouest. Trop à l'étroit chez eux ? Effrayés par la menace germanique au nord ? Mentalité de nomades ? Leurs motivations sont incertaines mais leur migration marque le début de la **guerre des Gaules**.

- Pour aller du Plateau vers l'ouest de la Gaule, les Helvètes passent par Genève où Jules César leur barre la route, les poursuit et finit par les vaincre à Bibracte, en Bourgogne (à 250 kilomètres de Genève), après une bataille sanglante. Les 110 000 survivants doivent rentrer en Helvétie.

- Après leur défaite et en échange de leur autonomie, les Helvètes sont contraints par les Romains de garder la frontière au nord de leur territoire, contre les tentatives d'invasion des Germains. Mais cet accord est rompu en 52 av. J.-C., lorsque 8000 Helvètes partent soutenir Vercingétorix (chef gaulois), qui mène le soulèvement général de la Gaule contre Rome. Jules César l'emporte et les Romains colonisent les territoires conquis, y compris l'Helvétie.

Dès 61 av. J.-C., Orgétorix, un aristocrate helvète, prépare la migration de son peuple en Gaule. En même temps, il fomente un complot avec d'autres chefs gaulois afin de prendre le pouvoir en devenant roi. Mais l'affaire est éventée et Orgétorix est jugé par ses compatriotes qui ne veulent pas d'un roi. Il meurt peu après, mais son projet de migration est tout de même mis à exécution.

L'arrivée des Romains

La colonisation de l'Helvétie se fait progressivement. Vers 44 av. J.-C., les Romains s'implantent à Nyon (VD) et Augst (BL). Peu à peu, des garnisons romaines s'installent sur des sites stratégiques.

Vers 13 av. J.-C., Rome conquiert le Valais et les Grisons.

Une région stratégique

- Au nord de l'Helvétie, de l'autre côté du Rhin (Allemagne actuelle), vivent des peuples appelés Germains. Pour les Romains, ils sont une menace permanente d'invasion. Après l'échec d'une campagne en Germanie, l'armée romaine s'installe en l'an 16 sur le Rhin qui devient une frontière de l'Empire.

- Les armées romaines fondent des camps militaires en Helvétie (par exemple à Windisch, AG). Leur présence dynamise l'économie locale. Un réseau routier (voies romaines) se développe.

  L'Helvétie perd son rôle stratégique entre 101 et 260, lorsque le sud de la Germanie est sous domination romaine et que la frontière est repoussée plus au nord.

L'Helvétie romaine marque le début des centres urbains en Suisse : Avenches, Nyon, Augst et Martigny. Tous possèdent des thermes et des amphithéâtres. Des centaines de domaines agricoles sont créés sur le Plateau, dont beaucoup sont à l'origine de localités actuelles. Le réseau routier se développe sur les axes transalpins, dont le Grand-Saint-Bernard. La culture des Celtes se marie avec les apports romains : langue, religion, art, hiérarchie sociale, mœurs, économie, techniques. Les Romains introduisent de nombreuses nouveautés en Helvétie : la tuile, la brique, la plomberie, les égouts, le clou, la grue, la flûte, les orgues, le chat, les pigeons et l'ail notamment.

Age d'or et déclin

- L'Helvétie, dont le chef-lieu est Avenches (VD), s'est facilement identifiée à la culture de ses occupants ; on y parle le latin. La **« paix romaine »** favorise la prospérité. L'âge d'or de la région se situe aux alentours de 150. Puis, la situation se détériore : l'économie ralentit et l'insécurité revient.

  En 275, les Alamans, un peuple germain, opèrent des raids sur le territoire helvétique. Ils ne s'installent pas encore (→ p. 15), mais ravagent Avenches et Augst.

- Les **invasions barbares** viennent à bout de l'Empire romain ; des peuples étrangers (Goths, Vandales, Huns, Francs, Alamans, etc.) envahissent l'Europe. Les armées romaines doivent abandonner l'Helvétie en 401. A la chute de Rome en 476, le territoire suisse est occupé par les Burgondes (ouest) et les Ostrogoths (est).

313-550

Religions et langues: les origines

La chute de l'Empire romain marque la fin de l'antiquité et le début du moyen âge.

Le christianisme se développe en Helvétie.
Les limites de l'implantation de nouveaux peuples, Burgondes et Alamans, sont à l'origine de la frontière entre le français et l'allemand.

Petit à petit, les Francs dominent tout le territoire suisse.

Le christianisme, héritage romain

- La chute de l'Empire romain marque la fin de l'Antiquité et le début du **Moyen Age**. Toutefois, en envahissant l'Europe, les Barbares ne détruisent pas complètement l'ordre romain. Ils en assimilent même parfois l'administration, la langue ou l'économie. Cependant, le véritable lien entre l'Antiquité et le Moyen Age est le christianisme.

- Autorisée dès 313 dans l'Empire romain, la religion chrétienne y devient officielle en 391. Elle s'impose progressivement. Les premiers royaumes barbares suivent le mouvement.

Pour renforcer son pouvoir à la tête du royaume des Francs, Clovis choisit de se faire baptiser à la fin du Ve siècle.

En 515, le roi burgonde Sigismond fonde une abbaye sur la tombe de saint Maurice à Agaune (aujourd'hui Saint-Maurice, VS).
Maurice était le commandant d'une légion romaine. Vers 300, le chef et sa troupe, de passage en Valais, auraient refusé de renier leur foi chrétienne. Sur ordre de l'empereur Maximien, les 6500 légionnaires auraient été tués à l'épée. Mythe ou réalité ? Transposition en Valais d'un martyre s'étant déroulé ailleurs ? Cette histoire est à l'origine de l'une des plus importantes abbayes de Suisse.

Premiers pas en Helvétie

- Le christianisme arrive en Helvétie avec les soldats romains qui se sont peu à peu convertis à cette religion. Les premières traces chrétiennes sont des inscriptions sur des tombes, objets et lieux de prière.

Les églises (à Genève et à Martigny) et les évêchés (à Bâle, Martigny, Genève et Coire) apparaissent entre 350 et 400.

- Dans les campagnes, les cultes païens (non chrétiens) subsistent parfois. Il arrive qu'un lieu de culte passe d'une religion à l'autre. Avec la progression des Alamans, le christianisme recule même à certains endroits.

Des missionnaires venus de Gaule fondent des communautés religieuses, notamment à Saint-Ursanne (JU) et à Romainmôtier (VD). Le moine irlandais Gall s'implante au sud du lac de Constance en 612. L'abbaye de Saint-Gall y est bâtie un siècle plus tard.

De nouveaux occupants

Les Burgondes

Depuis 443, les Burgondes, originaires du Danemark, occupent le bassin lémanique et l'arc jurassien. Peu nombreux, ils s'intègrent à la population locale. Ils fondent un royaume, comprenant l'ouest de la Suisse, le bassin de la Saône et la région Rhône-Alpes. Genève en est l'une des capitales. En 534, les Francs, qui occupent la Gaule, conquièrent le royaume burgonde.

Les Alamans

Installés à l'est du Rhin (sur une partie du territoire allemand actuel), les Alamans veulent progresser vers l'ouest. Mais ils sont vaincus en 496 par Clovis, roi des Francs, qui les incorpore à son royaume. Dès le VIe siècle, les Alamans, toujours sous la domination des Francs, commencent leur infiltration sur le territoire suisse, où ils mettent plusieurs siècles à s'imposer.

Leur nom a donné le mot « alémanique ».

Rome, romain, roman, romanche… La quatrième langue nationale suisse, aux sonorités plutôt latines, est encore parlée dans certaines vallées grisonnes aujourd'hui. Mais la lente progression germanophone continue et le romanche, aujourd'hui plus que jamais, lutte pour sa survie. Seules 35 000 personnes parlent encore cette langue.

L'origine du « Röstigraben »

- Les Burgondes ont adopté la langue de populations de l'ouest du territoire suisse : un mauvais latin devenu patois, puis **français** bien plus tard. Les Alamans ont imposé peu à peu le parler germanique, à l'origine des dialectes alémaniques (ancêtres de l'**allemand**).

- La frontière entre le français et l'allemand s'est établie lentement. L'allemand s'est arrêté là où l'implantation latine était plus forte : à l'ouest de la Sarine.

  Au sud des Alpes, le Tessin a conservé son dialecte lombard, un dérivé du latin qui deviendra l'italien.

550-1291

Des Francs au Saint Empire

L'ancienne Helvétie est sous la domination des Francs, ancêtres de Charlemagne.

Le territoire est à plusieurs reprises morcelé entre différents souverains. Au tournant du millénaire, un retour à l'ordre succède à l'anarchie. De grandes familles étendent leur domination et fondent des villes.

La Suisse passe sous le contrôle d'une nouvelle entité : le Saint Empire romain germanique.

En 563, le Léman a connu une sorte de tsunami. La montagne Tauredunum (peut-être le Grammont, dans le Chablais valaisan) s'est écroulée sur un bourg fortifié (peut-être Le Bouveret) et dans le lac. Cela a provoqué un raz-de-marée qui a fait d'importants dégâts matériels et humains. Même Genève a été touchée : son pont a été détruit et de nombreuses personnes tuées.

La période franque

- Vers 550, les Francs annexent la Rhétie (Grisons) et prennent ainsi le contrôle de tout le territoire suisse (ils avaient vaincu les anciens occupants burgondes quelques années plus tôt). Les VIIe et VIIIe siècles sont une période trouble. Les rois francs passent leur temps à se déchirer pour la couronne.

- Si **Charlemagne**, roi des Francs sacré empereur d'occident en 800, réussit à imposer un pouvoir centralisé, les périodes qui le précèdent et qui lui succèdent révèlent une Europe occidentale morcelée. Différents territoires (empires, royaumes, duchés, etc.) sont imbriqués les uns dans les autres. Les seigneurs locaux (familles nobles, abbés de monastère ou évêques) règnent sur les populations. Leurs territoires s'agrandissent ou rétrécissent en fonction des conquêtes, héritages et mariages. Partagée, la Suisse n'a pas d'existence propre à cette époque.

La fin du premier millénaire

- A la fin du IXe siècle, le nord-est de la Suisse est sous l'influence du duché de Souabe, qui occupe aussi le sud de l'Allemagne actuelle et dont Zurich est l'un des centres. L'ouest est intégré dans le royaume de Bourgogne (est de la France actuelle) qui est proclamé en 888 à Saint-Maurice (VS).

- Le Xe siècle est marqué par les invasions hongroises à l'est (Saint-Gall est saccagée en 926) et les incursions de Sarrasins (musulmans originaires d'Afrique du Nord) à l'ouest (l'abbaye de Saint-Maurice est pillée en 940).

En 972, le religieux Bernard de Menthon chasse définitivement les Sarrasins. Il fondera ensuite un hospice sur le col qui porte aujourd'hui son prénom : le Grand-Saint-Bernard.

Le Saint Empire romain germanique

- Après avoir conquis l'Italie, le roi de Germanie **Otton le Grand** se fait couronner empereur en 962. C'est la naissance du Saint Empire romain germanique. En 1032, toute la Suisse en fait partie.

  L'expression « Saint Empire romain germanique » renvoie à plusieurs références : le terme « Saint » affirme sa dimension chrétienne, « romain » se réfère à l'empire du même nom et à son prestigieux héritage et « germanique » rappelle la région où il a été créé.

- On assiste à cette époque à un recul de l'anarchie au profit d'une nouvelle vigueur économique, démographique et culturelle. Des villes renaissent ou sont créées. Certaines, comme Zurich et Soleure, profitent de la faiblesse de l'empereur (qui peine à imposer son pouvoir) et deviennent très autonomes.

Les grandes familles

- Plusieurs familles développent leur influence et deviennent très puissantes à cette époque :
  - les **Zähringen** fondent Fribourg en 1157 et Berne en 1191 ; la famille s'éteint en 1218 ;
  - les **Habsbourg** (dont le nom vient d'un château en Argovie) s'étendent dans les Alpes ; plusieurs des leurs seront élus empereurs (à la tête du Saint Empire) ; cette famille joue un grand rôle dans l'histoire de la Suisse jusqu'au XVIIe siècle ;
  - les **Savoie** s'implantent entre le Léman et le Bas-Valais dès la fin du XIe siècle ; depuis le château de Chillon, ils s'imposent en Pays de Vaud, par achats ou par alliances.

  Vers 1260, le prince Pierre de Savoie unifie le Pays de Vaud qui était jusque-là une région émiettée.

Il y a deux reines Berthe dans l'histoire suisse. La première, la mère de Charlemagne, dite « Berthe au grand pied » (elle en aurait eu un plus grand que l'autre), a vécu au VIIIe siècle. Selon la légende, faisant un jour étape à Lutry (VD), elle remercie la population pour son hospitalité en lui offrant un singe. Voilà pourquoi les Lutrysiens ont pour surnom les Singes. La seconde Berthe, reine de Bourgogne, a vécu au Xe siècle. Les moines de l'abbaye de Payerne (VD) en ont fait la fondatrice de leur institution qui aurait été créée grâce à ses dons. L'image de « la bonne **reine Berthe** », personnage fort et humble, a servi de référence dans le canton de Vaud à partir du XIXe siècle.

Les fondations
(1291-1516)

Création de la Suisse
Victoires contre les Habsbourg
Le siècle des conquêtes
Marignan : le début de la neutralité

1291

Création de la Suisse

Trois communautés montagnardes s'associent pour défendre leurs intérêts et leurs traditions face aux Habsbourg.

Avant 1291, Uri, Schwytz et Nidwald sont déjà alliés. Mais la plus ancienne trace écrite de leur alliance est un pacte signé en août de cette année-là, retenu plus tard comme acte fondateur de la Confédération suisse.

Le serment du Grütli entre les trois Suisses et l'aventure héroïque de Guillaume Tell sont des versions légendaires de la fondation de la Suisse.

L'union fait la force

- Au XIIIe siècle, à l'intérieur du Saint Empire romain germanique, les Habsbourg dominent l'Autriche et l'actuelle Suisse alémanique. Autour du lac des Quatre-Cantons vivent des communautés autonomes. On les appelle **Waldstätten** (« pays forestiers ») : ce sont Uri, Schwytz et Unterwald (voir encadré). Dans ces vallées alpines reculées, la vie est rude ; l'entraide entre voisins permet d'améliorer le confort et la sécurité. Mais la situation stratégique (voies de communication) attise l'intérêt de puissantes familles.

- A l'image de Berne, Zurich ou Lucerne, les villes ont aussi besoin d'assurer leur sécurité, garante de leur prospérité. Dans ce but, elles se regroupent parfois en confédérations. Plusieurs associations de ce genre voient le jour dès le XIIIe siècle en Europe.

La Confédération suisse se construit d'abord entre communautés rurales, des villes-Etats ne s'y joignant que plus tard. C'est une originalité pour l'époque.

Les faveurs de l'empereur

- En 1231, Uri ouvre un chemin à travers les Alpes par le col du Saint-Gothard, futur axe stratégique au cœur de l'Europe, et obtient l'« immédiateté impériale » pour services rendus à l'empereur. Autrement dit, la communauté dépend directement du Saint Empire et non des Habsbourg.

A l'époque, plusieurs villes (mais très peu de communautés rurales) obtenaient de l'empereur un statut particulier. Uri est donc un cas à part.

- De son côté, Schwytz gagne son autonomie face aux Habsbourg et obtient la protection de l'empereur en 1240.

Futurs demi-cantons, les communautés d'Obwald et Nidwald (« au-dessus » et « au-dessous de la forêt ») ont toujours été deux entités distinctes. Au XIIIe siècle, le terme « Unterwald » existe déjà pour désigner les deux, mais seul Nidwald est mentionné sur le pacte de 1291. A la fin, on trouve toutefois un sceau commun pour Unterwald. Il semble que Nidwald a signé seul le pacte avec Uri et Schwytz ; le sceau aurait ensuite été changé lorsque Obwald a rejoint l'alliance, à une date qui demeure incertaine.

Le pacte de 1291 (→ carte 1, p. 38)

- Avant 1291, les Waldstätten sont déjà alliés. Dans le courant du XIIIe siècle, Uri, Schwytz et Nidwald ont signé un accord d'assistance mutuelle et de préservation de leurs droits face aux menaces extérieures.

- En **1291**, l'empereur Rodolphe Ier (premier membre de la famille des Habsbourg à être empereur) tente de rétablir l'autorité des Habsbourg sur les Waldstätten. Après sa mort, le 15 juillet, et face à l'incertitude autour de sa succession, **Uri**, **Schwytz** et **Nidwald** (rejoints plus tard par **Obwald**) décident de renouveler leur union et signent un pacte au début du mois d'août. C'est le plus ancien accord écrit entre futurs cantons qui ait été conservé : c'est donc lui que l'on retiendra plus tard comme acte fondateur de la Confédération. Le document est aujourd'hui conservé à Schwytz.

  C'est en 1891, à l'occasion du 600e anniversaire de la Confédération, que le 1er août a été choisi comme date pour la fête nationale.

Ce que dit le pacte…

- Les trois futurs cantons se jurent « secours, appui et assistance », sans renier leur soumission à leur « seigneur » (l'empereur).
- S'il y a conflit entre les partenaires, « les plus sages des Confédérés » doivent faire médiation.
- Le respect de la tradition administrative est garanti, à savoir le rejet des fonctionnaires – appelés ministériaux – imposés par les Habsbourg.
- Une entraide judiciaire est instaurée : un criminel d'Uri n'est pas à l'abri des juges s'il fuit à Schwytz.

Le serment du Grütli

A en croire la légende, les Waldstätten se sont révoltés contre la domination des Habsbourg. Werner Stauffacher de Schwytz, Walter Fürst d'Uri et Arnold de Melchtal d'Unterwald, **« les trois Suisses »**, emmènent chacun avec eux dix hommes sur une prairie isolée au bord du lac des Quatre-Cantons : le Grütli. Ils y font le serment de libérer leurs terres.

Les Romands et les Tessinois disent « Grütli », alors que les Alémaniques disent « Rütli ». L'origine de cette différence est incertaine.

Guillaume Tell

Il existe différentes versions de l'histoire de Guillaume Tell. Selon la plus connue, il aurait refusé de saluer l'emblème des Habsbourg à Altdorf (UR). Sous peine de mise à mort, le bailli Gessler (représentant des Habsbourg) lui aurait donné l'ordre de transpercer à l'arbalète une pomme placée sur la tête de son fils. Ayant réussi son coup, Guillaume Tell aurait été arrêté, mais il se serait évadé après avoir tué Gessler.

Le thème de l'arbalète et de la pomme pourrait venir de Scandinavie. Il se peut aussi que des événements réels de l'époque aient été transformés en légende.

L'HISTOIRE DE GUILLAUME TELL

1291-1393

Victoires contre les Habsbourg

Désormais unis, les Waldstätten défient les Habsbourg sur les champs de bataille.

A Morgarten, Sempach et Näfels, de simples montagnards l'emportent sur des soldats pourtant mieux entraînés et plus nombreux. Cinq nouveaux membres viennent rejoindre l'alliance.

Forts de leurs victoires, les Confédérés renforcent leurs liens.

La bataille de Morgarten

- Après 1291, la lutte qui oppose les Waldstätten (qui défendent leur autonomie) et les Habsbourg (qui visent le contrôle de la Suisse centrale et l'accès au Gothard) se poursuit. Les deux camps s'affrontent en 1315 à Morgarten (sud de Zurich).

  Environ 1500 montagnards confédérés tendent une embuscade aux 3000 à 5000 soldats du duc d'Autriche Léopold Ier (un Habsbourg). Ceux-ci se font massacrer ou prennent la fuite.

- La victoire de Morgarten pousse les Waldstätten à conclure un nouveau pacte à Brunnen (SZ) le 9 décembre 1315. On parle désormais d'« Eidgenossen » (compagnons liés par un serment), c'est-à-dire de Confédérés.

De nouveaux membres (→ carte 2, p. 38)

Cinq nouveaux cantons rejoignent la Confédération après la bataille de Morgarten.

LU

Lucerne, 1332 – Nœud commercial, la ville la plus proche des Confédérés cherche aussi à préserver son autonomie : elle s'associe à ses voisins dans ce but.

ZH

Zurich, 1351 – La ville est un centre économique important grâce à son industrie de la soie. Pour son commerce, elle a besoin du Gothard, et donc d'une alliance avec les Waldstätten.

GL

Glaris, 1352 – Cette vallée veut s'émanciper des Habsbourg mais, sans débouché sur un col, elle n'a pas d'intérêt stratégique. Les Confédérés l'acceptent, avec toutefois un statut différent des autres membres.

ZG

Zoug, 1352 – Les Confédérés font le siège de la ville habsbourgeoise et s'en emparent.

Quelques semaines plus tard, les Confédérés doivent rendre aux Habsbourg Zoug et Glaris, leurs deux dernières acquisitions. Ils récupèrent Zoug en 1365 et Glaris en 1388 (après la bataille de Näfels).

BE

Berne, 1353 – Puissance militaire indépendante, la ville a conquis d'importants territoires, dont l'Oberland. Elle rejoint la Confédération pour garantir ses acquisitions.

En 1359, deux bandes croisées apparaissent comme signe de reconnaissance sur les vêtements des soldats bernois. Symbole chrétien, la croix sur fond rouge est aussi issue de la bannière de guerre du Saint Empire. En 1815, le Pacte fédéral choisit comme armoiries la croix blanche à branches égales sur fond rouge. Le drapeau suisse a été défini dans sa forme actuelle en 1889, lorsque le Conseil fédéral a décrété que les quatre branches de la croix sont un sixième plus longues que larges.

Sempach et Näfels

Ce qui unit en premier lieu les Confédérés, c'est leur ennemi commun, les Habsbourg, qu'ils affrontent encore deux fois.

La bataille de Sempach, 9 juillet 1386

Lucerne, qui a déjà rejoint la Confédération, veut accroître son indépendance envers les Habsbourg, qui s'y opposent. Les deux camps s'affrontent à Sempach (près de Lucerne) où les Habsbourg envoient 4000 chevaliers. Mais les 1600 Confédérés (des Lucernois appuyés par des Waldstätten) l'emportent, tuant 1800 de leurs adversaires, y compris leur chef : le duc d'Autriche Léopold III.

La bataille de Näfels, 9 avril 1388

Glaris (qui a fait partie de la Confédération durant quelques semaines en 1352) proclame son indépendance. Les Habsbourg la refusent et envoient 6500 soldats. Une bataille oppose cette armée à dix fois moins de Glaronnais (aidés par des Schwytzois) à Näfels, à l'entrée de la vallée de Glaris. Les Suisses l'emportent et Glaris rejoint définitivement la Confédération.

Arnold Winkelried est un héros légendaire de la bataille de Sempach. Les Confédérés ne parvenant pas à enfoncer les lignes autrichiennes, ce Nidwaldien se serait sacrifié en se précipitant sur les lances ennemies. Il aurait prononcé ces mots : « Je veux vous ouvrir une brèche. Prenez soin de ma femme et de mes enfants. » Or, les récits détaillés de la bataille ne mentionnent pas Winkelried. Des traces écrites de l'anecdote n'apparaissent que deux siècles plus tard. Les historiens ont démontré que l'homme a bien existé, mais il n'est pas mort à Sempach.

De nouveaux pactes

- En 1370 (avant Sempach et Näfels), les cantons qui contrôlent le Gothard (tous sauf Berne et Glaris) concluent un pacte (appelé « Charte des prêtres ») qui unifie leurs lois et donne un statut égal aux hommes face à la justice.
- En 1393 est signé le « Convenant de Sempach », première charte commune aux huit cantons (Nidwald et Obwald sont des demi-cantons), qui confirme la « Charte des prêtres ». Il n'a jamais vraiment été appliqué, mais montre la volonté des Suisses de se doter de règles communes, par exemple contre la cruauté et l'indiscipline des troupes en guerre.

Les batailles de Morgarten, Sempach et Näfels ont un point commun : des montagnards inférieurs en nombre écrasent des armées expérimentées, sans se soucier des coutumes guerrières. Les Confédérés se forgent une réputation de redoutables guerriers : intrépides mais aussi capables d'une certaine sauvagerie.

1393-1477

Le siècle des conquêtes

La Confédération des huit cantons étend son territoire.

Les guerriers suisses sont de plus en plus redoutés en Europe. Engagés aux côtés de la France dans les guerres de Bourgogne, ils jouent un rôle décisif dans la chute de Charles le Téméraire.

Mais les vainqueurs ne retirent guère de bénéfices de leurs victoires.

Sur les champs de bataille, dans le camp des Confédérés, les Schwytzois tiennent à plusieurs reprises le rôle principal. C'est pour cela que «Schwytz», nom d'une localité à l'origine du canton, qualifiera par extension tout un pays. «Schwytz» devient ainsi «Schweiz» en allemand, «Suisse» en français, «Svizzera» en italien et «Svizra» en romanche.

L'extension territoriale

Vainqueurs des Habsbourg, les Confédérés confirment leur indépendance en s'agrandissant. Ils cherchent à obtenir un territoire moins morcelé ainsi que le contrôle des voies de communication alpines. Pour cela, ils concluent des alliances, font des achats ou des conquêtes. En un peu plus de cinquante ans, le territoire de la Confédération et de ses alliés quadruple presque.

1400 Pour contrôler les cols à l'est du Gothard, les Confédérés s'allient avec les ligues grisonnes (trois entités formant une confédération qui occupent les **Grisons** actuels).

1402 Uri conquiert le nord du **Tessin** (Léventine) ; c'est le premier territoire confédéré non germanophone.

1403 Lucerne, Uri, Nidwald et Obwald s'allient au **Valais** et sécurisent ainsi le flanc ouest du Gothard.

Le Valais est alors un évêché autonome qui dépend du Saint Empire. Il se transforme petit à petit en une république fédérale (1613) composée de «dizains» (districts indépendants).

1415 La Confédération envahit l'**Argovie**. Le territoire conquis est partagé entre Berne, Lucerne et Zurich.

1436 Après une guerre contre Zurich, Schwytz prend le contrôle d'une partie de l'actuel canton de **Saint-Gall** (Toggenbourg).

1451 Les Confédérés concluent une alliance avec la ville de Saint-Gall, puis avec **Appenzell** (1452), **Schaffhouse** (1454) et Mulhouse (Alsace, 1466).

1460 La Confédération conquiert la **Thurgovie**.

Confédérés contre Bourguignons

- A l'ouest de la Confédération se trouvent à cette époque les Etats bourguignons, dirigés dès 1467 par **Charles le Téméraire**. Ils occupent une partie du territoire français actuel.

- Les Confédérés s'inquiètent de la puissance croissante des Bourguignons qui ont envahi l'Alsace et le sud de l'Allemagne. Ils s'allient au roi de France Louis XI et déclarent avec lui la guerre à la Bourgogne en 1474.

- Le duché de Savoie, allié de la Bourgogne, possède le Pays de Vaud que les Bernois tentent d'envahir en 1475. Mais ils sont battus et massacrés par les Bourguignons à **Grandson** et doivent battre en retraite.

- Quelques mois plus tard, les alliés suisses des Bernois viennent à leur secours et chassent facilement les Bourguignons de Grandson. Les troupes de Charles le Téméraire tentent un nouvel assaut, mais se font de nouveau battre, cette fois à **Morat** (FR) en 1476.

  Les guerres de Bourgogne s'achèvent à Nancy où les troupes françaises, appuyées par les Confédérés, portent le coup fatal à l'armée de Charles le Téméraire, qui meurt dans la bataille (1477).

- A l'issue des guerres de Bourgogne, les Suisses gagnent quelques territoires :
  - en Pays de Vaud, les Bernois occupent la région d'Aigle, première terre francophone de la Confédération ; contrairement à ce qu'ils espéraient, ils n'obtiennent pas la Franche-Comté ;
  - le Valais s'étend à l'ouest jusqu'à Saint-Maurice.

A la fin du XVe siècle, la Confédération est l'une des premières puissances militaires d'Europe. Les Suisses sont réputés pour leur bravoure au combat. Ils s'engagent en masse comme mercenaires au service des princes étrangers. Le mercenariat est une importante source de revenus pour des régions rurales souvent pauvres. Il dure trois cent cinquante ans. Parfois, des Confédérés se retrouvent face à face sur le champ de bataille.

1481-1516

Marignan : le début de la neutralité

Au sommet de leur puissance militaire, les Suisses ont des ambitions au sud des Alpes.

Cinq nouveaux membres rejoignent l'alliance, qui passe à treize cantons. Engagés dans les guerres d'Italie, la Confédération enchaîne les victoires. Mais la défaite de Marignan face à la France marque la fin des conquêtes helvétiques.

La Suisse devient un pays neutre.

Organe de décision entre les cantons depuis le XIIIe siècle, la **Diète** se réunit plusieurs fois par année à huis clos. Son rôle et sa forme évoluent avec les siècles, sans forcément gagner du pouvoir. Chaque Etat envoie à la Diète un ou deux hauts responsables politiques. Les pays alliés comme le Valais ou les Grisons y sont parfois représentés. La règle du vote à l'unanimité (en tout cas pour les grandes décisions de principe) complique souvent les processus. Sans compter les fossés villes/campagnes ou catholiques/protestants après la Réforme (il y avait alors une Diète par confession).

** A l'époque, les cantons d'Appenzell (⇢ p. 31) et de Bâle (⇢ p. 49) ne sont pas divisés ; ces deux drapeaux et abréviations (BA et AP) ne sont pas officiels.*

Cinq nouveaux membres (⇢ carte 3, p. 39)

FR

SO

Fribourg et Soleure, 1481 – Les deux cités ont participé aux guerres de Bourgogne. Elles demandent leur adhésion à la Confédération. Toutefois, les cantons paysans craignent de perdre la majorité. La Diète se réunit à Stans (NW). Après trois ans de crise, la médiation de l'ermite obwaldien Nicolas de Flue aboutit à un compromis : le « Convenant de Stans ». Fribourg et Soleure sont admis.

La cohésion confédérale est renforcée. Orbe, Echallens, Morat et Grandson deviennent des bailliages communs (⇢ p. 34).

BA*

SH

Bâle et Schaffhouse, 1501 – Les deux villes du nord, déjà alliées de la Confédération en deviennent membres à part entière.

AP*

Appenzell, 1513 – Egalement alliées à la Confédération, les vallées appenzelloises proches de Saint-Gall deviennent le treizième canton.

Vers l'indépendance

En 1499, les Suisses battent le Saint Empire lors des guerres de Souabe (sud de l'Allemagne). Ils obtiennent la fin de leurs obligations envers l'empereur. Dans les faits, c'est l'indépendance. Cependant, des liens juridiques subsistent avec l'Empire à Bâle, Schaffhouse, Saint-Gall et Appenzell (jusqu'en 1648 ⇢ p. 36).

Les guerres d'Italie

- Le contrôle des grands axes alpins (cols) est un soucis permanent en Suisse. Au sud du Gothard, Uri exerce déjà sa souveraineté sur le nord du Tessin (Léventine), mais il aimerait étendre son influence jusqu'à Milan. Or, il n'est pas le seul. Des puissances européennes, dont la France, ont des prétentions sur le duché de Milan (Lombardie).

Entre Confédérés, on est profondément divisé sur la politique à suivre en Italie. Berne et Zurich, entre autres, considèrent que les intérêts stratégiques suisses ne sont pas au sud, mais à l'ouest (future Suisse romande).

Le 13 septembre 1515, à Marignan, alors que la nuit tombe, Suisses et Français sont contraints d'arrêter de se battre, car ils ne parviennent plus à s'identifier dans la nuit. Ils s'endorment donc sur le champ de bataille, mélangés les uns aux autres. Les combats reprennent le lendemain matin.

- En 1495, en échange d'un appui officiel des Confédérés et de l'enrôlement de mercenaires pour s'emparer de Milan, Louis d'Orléans promet aux Suisses Bellinzone, Lugano, Locarno et Arona (ville aujourd'hui italienne). Cinq ans plus tard, devenu roi de France (Louis XII), il est vainqueur en Lombardie, mais Uri, Schwytz et Nidwald n'obtiennent que Bellinzone (TI).

- Estimant que les Français n'ont pas respecté leur accord, les Confédérés changent de camp et rejoignent, en 1509, le camp du pape Jules II, ennemi des Français.

- A Novare en 1513, les Suisses écrasent les Français et obtiennent tout le sud du Tessin et Domodossola. Les ligues grisonnes reçoivent la Valteline, Bormio et Chiavenna (nord-est de l'Italie actuelle).

- En 1515, François Ier, nouveau roi de France, reconquiert Milan avec une puissante armée. Les soldats suisses ouvrent les hostilités à **Marignan** (sud de Milan) les 13 et 14 septembre, mais les Français l'emportent.

- Vaincue, la Confédération signe en 1516 à Fribourg la « Paix perpétuelle » avec la France. Cette dernière pourra recruter à volonté des hommes en Suisse (mercenaires). Du point de vue territorial, le pays conserve le Tessin (mais sans Domodossola) et les Grisons gardent la Valteline (qui ne fait plus partie de la Suisse aujourd'hui). C'est la fin de la puissance militaire suisse et un premier pas vers la **neutralité**. La Confédération n'interviendra plus hors de ses frontières.

Un pays indépendant
(1517-1798)

La Réforme
Réforme et extension à l'ouest
L'Ancien Régime
L'indépendance totale
L'évolution du territoire suisse

1517-1597

La Réforme

Peu après son apparition, le protestantisme s'étend rapidement en Suisse.

Dans plusieurs cantons, la Réforme s'oppose au catholicisme et devient religion officielle. La Confédération est déchirée entre ancienne et nouvelle foi. Une guerre civile éclate.

Malgré la Contre-Réforme, quatre cantons deviennent protestants, sept demeurent catholiques et deux sont mixtes.

Dès la fin du XVe siècle, l'Europe connaît un renouveau culturel et scientifique qui va favoriser la Réforme : la **Renaissance**. Les valeurs humanistes de cette époque sont propagées grâce à l'imprimerie, mise au point vers 1450 par l'Allemand **Johannes Gutenberg.** C'est la fin du Moyen Age.

Les origines

Au début du XVIe siècle, l'Eglise catholique est en crise : corruption, enrichissement du haut clergé, prêtres et sacrements décrédibilisés, liturgie et symboles compliqués, message biblique oublié. En 1517 en Allemagne, le moine **Martin Luther** prône un retour aux valeurs de l'Evangile. Ses idées se répandent rapidement et constituent la base de la Réforme, mouvement religieux qui a donné naissance au **protestantisme**.

En Suisse

- Dans la Confédération, l'humanisme exerce une grande influence et facilite la propagation du protestantisme.

  L'humanisme est un courant de pensée qui place l'homme et son libre arbitre au centre des réflexions, tout en repartant à la découverte des origines antiques de la civilisation. Le philosophe hollandais Erasme qui enseigne à Bâle est un représentant de ce courant.

- Curé à Zurich, **Ulrich Zwingli** prêche dès 1519 le retour à la parole de Dieu (donc à la Bible). Lui-même humaniste, plus radical que Luther, il veut faire table rase du catholicisme. Après un débat public (appelé « dispute ») où il l'emporte, les autorités zurichoises acceptent d'appliquer ses idées.

  Entre 1521 et 1525 à Zurich, le célibat des prêtres et la messe sont abolis. Zwingli est aussi opposé au mercenariat, contrairement aux catholiques.

- Le mouvement s'étend à Berne, Bâle, Schaffhouse et à certains alliés (Bienne, Mulhouse, Saint-Gall et une partie des Grisons). Glaris et Appenzell deviennent mixtes. Les villes réformées signent un traité entre elles.

- Les vieux cantons (UR, SZ, NW/OW, LU et ZG), tout comme leur allié valaisan, restent catholiques. Ils ont l'appui de l'Autriche. Fidèles à leurs traditions, ils sont hostiles à ce qui se passe dans les villes. Fribourg et Soleure rejettent aussi la Réforme et la Confédération se retrouve divisée ; pendant une période, il n'y a plus de Diète confédérale, mais une assemblée par camp religieux.

Les deux guerres de Kappel

Malgré le différend religieux, la souveraineté confessionnelle de chaque canton n'est pas remise en cause : chacun choisit son camp. En revanche, quelle religion doit l'emporter dans les territoires sous contrôle commun ? La Réforme prend un tour politique et la Confédération plonge dans la guerre civile.

- 1529 – Catholiques et protestants sont face à face à Kappel (frontière entre Zurich et Zoug). C'est la « première guerre de Kappel ». Toutefois, un compromis permet d'éviter la bataille.

- 1531 – Un véritable affrontement a lieu deux ans après au même endroit. Zwingli veut réformer toute la Confédération, mais, isolés militairement, les Zurichois ne peuvent prendre que des mesures économiques en fermant leurs marchés aux cantons catholiques. Ceux-ci réagissent en écrasant les Zurichois à Kappel. Zwingli meurt dans la bataille.

La légende raconte que, lors de la première guerre de Kappel en 1529, un soldat a posé un baquet de lait sur la ligne entre les deux armées pendant que les chefs négociaient. On y a mis des morceaux de pain que chacun devait aller chercher de son côté. Si quelqu'un prenait un morceau plus loin que la ligne, il s'entendait dire : « Broute sur ton terrain ! » Cette histoire de « la soupe au lait de Kappel » a servi plus tard à illustrer la profonde fraternité entre Suisses, quelles que soient leurs divisions.

Conséquences

- Désormais, la Diète compte sept cantons catholiques contre quatre réformés et deux mixtes.

- Moins nombreux, les cantons réformés sont toutefois plus peuplés et leur importance économique est plus grande. Ce déséquilibre est source de divisions entre Confédérés.

La Contre-Réforme

- L'Eglise catholique tente de contrer le protestantisme. Les jésuites (Compagnie de Jésus, congrégation vouée surtout à l'enseignement de la foi) y contribuent en accroissant leur influence dans le domaine de l'éducation.

  A Milan, le cardinal Charles Borromée fonde, en 1579, le Collegium Helveticum, chargé de former le clergé suisse. Canonisé en 1610, Borromée est considéré comme le patron de la Suisse catholique.

- Avec la Contre-Réforme, certains territoires reviennent au catholicisme. A **Appenzell**, cela provoque la scission du canton en **1597** (Rhodes-Extérieures, protestantes, et Rhodes-Intérieures, catholiques).

AI AR

1526-1569

Réforme et extension à l'ouest

Après la Suisse alémanique, la Réforme se propage en terres francophones.

Le Pays de Vaud, Neuchâtel et Genève deviennent protestants. Genève se transforme même en centre de la Réforme. Dans la foulée, Berne conquiert le Pays de Vaud. Fribourg et le Valais s'agrandissent.

A l'ouest, la Suisse atteint à peu près ses frontières actuelles.

A Genève, les partisans de l'indépendance de la ville comptent sur l'appui des Confédérés, « Eidgenossen » en allemand. En français, le mot est devenu « Eyguenots », origine probable du mot « Huguenots » qui a, par la suite, servi à désigner les protestants.

L'œuvre de Farel et Viret

- Freinée en Suisse alémanique après la défaite de Kappel, la Réforme se propage à l'ouest.

- Engagé par Berne, le Français Guillaume Farel prêche la Réforme à partir de 1526. Après Aigle, possession bernoise, il convertit Morat, Grandson et Orbe, où Pierre Viret devient son disciple. Puis, il rallie le comté de Neuchâtel et enfin Genève.

- Au cours d'un débat public à Lausanne en 1536, Farel, Viret et Calvin l'emportent sur des catholiques pourtant bien plus nombreux (c'est la « Dispute de Lausanne ») ; la Réforme s'impose en Pays de Vaud.

La Rome protestante

- Après la fuite de son évêque en 1533, **Genève** devient une république libre. Farel y fait abolir le culte catholique en 1535, avec l'aide de Viret, et la ville adopte la Réforme le 21 mai 1536.

- Farel fait alors appel à **Jean Calvin**, réformateur français réfugié à Bâle. Mais le nouveau venu se heurte à une forte opposition. Il est même expulsé de la ville entre 1538 et 1541. A son retour, il instaure une théocratie (l'Eglise gouverne).

Dans le gouvernement de l'Eglise, tout ce qui est jugé contraire à la morale est réprimé. Le théâtre, le jeu, la danse, certains vêtements et les cheveux frisés sont interdits. Des adversaires du régime sont exécutés, à l'image du médecin et théologien espagnol Michel Servet, brûlé vif en 1553 pour hérésie (opinion contraire à la doctrine de l'Eglise).

- Les idées radicales de Jean Calvin influencent la Suisse et l'Europe protestante. Genève est appelée la « Rome protestante ».

Comme à Lausanne en 1537, la Réforme entraîne à Genève la création, en 1559, d'une académie (ancêtre de l'université) pour former les pasteurs. Théodore de Bèze (successeur de Calvin) en devient le recteur. On vient depuis l'étranger pour y étudier.

La conquête du Pays de Vaud

- Les frontières occidentales de la Suisse se dessinent. Jusqu'en 1536, le duché de Savoie possède la majorité du Pays de Vaud, la région genevoise et le Bas-Valais. Les villes de Lausanne et Genève sont des évêchés autonomes dépendant du Saint Empire. Morat, Grandson, Orbe et Echallens sont des possessions conjointes (bailliages communs) de Berne et Fribourg.

- Le duc de Savoie veut s'emparer de la ville de Genève, mais les **Bernois** (alliés des Genevois) s'y opposent et envoient leur armée. Au passage, entre janvier et mars 1536, Berne conquiert le Pays de Vaud.

- Une fois à Genève (qui réussit à rester indépendante), les Bernois, victorieux des Savoyards, conquièrent le Pays de Gex et une partie de la rive sud du Léman (région d'Evian). Ils doivent rendre ces terres à la Savoie en 1567.

- Berne finit sa conquête vaudoise par Lausanne où la Réforme s'impose ; comme à Genève, l'évêque prend la fuite.

Fribourg et le Valais à l'attaque

- Fribourg, qui veut aussi s'agrandir, s'empare entre 1536 et 1537 des territoires (auparavant dominés par la Savoie) situés entre Estavayer-le-Lac et Châtel-Saint-Denis.

  En 1554, criblé de dettes, le comte de Gruyères doit céder ses terres à Fribourg et Berne. Fribourg accède ainsi à peu près à ses frontières actuelles.

- De leur côté, les Valaisans envahissent le Chablais (Monthey) et poussent même jusqu'à Thonon, sur la rive sud du Léman. Mais, en 1569, il doivent rendre à la Savoie les terres au-delà de Saint-Gingolph.

- Dès 1537, la Confédération contrôle presque toute la Suisse romande, dans des frontières similaires à aujourd'hui.

Durant leur conquête du Pays de Vaud, les Bernois prennent le château de Chillon, près de Villeneuve (VD). Ils y libèrent le contestataire genevois François Bonivard, prisonnier des Savoyards, qui deviendra un héros romantique sous la plume de lord Byron (auteur anglais du XIXe siècle).

1536-1798

L'Ancien Régime

Durant trois siècles, la Suisse est morcelée en de nombreux territoires avec des statuts variés, dont les treize cantons.

Malgré une apparence démocratique, la plupart des pouvoirs sont concentrés entre les mains de riches et puissantes familles (c'est ce qu'on appelle l'Ancien Régime). La Confédération est complètement décentralisée et la Diète est impuissante.

Ce système n'évolue pas jusqu'aux révolutions de la fin du XVIIIe siècle.

Le territoire suisse (→ carte 4, p. 39)

Sous l'Ancien Régime la Suisse comprend :

- cinq cantons ruraux : UR, SZ, NW/OW, GL, AI/AR ;
- sept cantons-villes (la ville et ses territoires sujets) : LU, ZH, BE, FR, SO, BA*, SH ;
- un canton mixte : ZG ;
- des bailliages communs (territoires appartenant à plusieurs cantons – de deux à douze selon les cas – et administrés selon un tournus entre eux) ;

  Bailliages communs : Echallens, Grandson, Orbe, Mex, Morat, Schwarzenburg, Baden, Freie Aemter, Thurgovie, Rheintal, Uznach, Gaster, Gams, Sargans, Valmaggia, Locarno, Lugano, Mendrisio.

- des alliés (territoires liés à la Confédération sans en être membres, ainsi que leurs propres sujets).

  Alliés : Valais, ligues grisonnes et leur bailliage commun de la Valteline, villes de Bienne, Mulhouse, Saint-Gall et Rottweil, comté de Neuchâtel, abbaye de Saint-Gall, ville et république de Genève, évêché de Bâle, abbaye d'Engelberg, république de Gersau.

Des frontières floues

- Certains alliés n'ont des liens qu'avec quelques cantons.

  Exemple : Neuchâtel n'est alliée qu'à Berne et Soleure. A l'extinction de la famille régnante en 1707, la principauté neuchâteloise devient prussienne (la Prusse est un royaume du nord de l'Allemagne), mais reste alliée à la Confédération.

- Certains territoires ne sont que partiellement alliés.

  Exemple : la partie francophone de l'évêché de Bâle (actuel canton du Jura) est bien plus proche de la Confédération que la région germanophone (Laufon), encore très liée au Saint Empire.

- Les limites de la Confédération des treize cantons, pas toujours bien définies, sont proches des frontières actuelles.

  La ville alliée de Mulhouse (Alsace) ainsi que la Valteline (au sud des Grisons) sont des territoires qui ne font, aujourd'hui, plus partie de la Suisse. A l'inverse, quelques communes genevoises, ainsi que le Fricktal (nord de l'Argovie) et la seigneurie de Tarasp (est des Grisons) ne font, à l'époque, pas encore partie du pays.

** BA : Bâle avant que le canton ne soit divisé (→ p. 49)*

Un système figé

- Après 1536, les Suisses mettent fin à leurs ambitions militaires et penchent de plus en plus vers la neutralité (même si l'alliance avec la France persiste, à la suite de la paix signée en 1516, après la bataille de Marignan, ⇢ p. 27). En signant de nombreux accords avec les puissances qui les entourent, ils permettent à leurs hommes, des mercenaires, d'aller combattre en masse pour les souverains étrangers.

Il y a eu jusqu'à 60 000 mercenaires engagés en même temps hors de Suisse.

- Jusqu'en 1798, malgré les divisions religieuses et les oppositions entre villes et campagnes, la structure de la Confédération évolue peu.

A l'époque, on appelle la Suisse « Corps helvétique », « Treize Cantons » ou « Ligues ». Le seul organe commun du pays est la Diète (⇢ p. 26) dont les membres ne sont pas tenus d'appliquer les décisions.

- Le pouvoir se concentre entre les mains de quelques riches familles, surtout urbaines. Le système de gouvernement est d'apparence démocratique, mais son renouvellement se fait entre bourgeois ou aristocrates. Malgré le vieux principe de l'égalité des hommes libres, les habitants sont des sujets (ils n'ont pas de droits). Les corporations de métiers sont très influentes.

Dans le canton de Vaud, on lit encore sur certains édifices l'inscription « Leurs Excellences de Berne », abrégée « LLEE » (les lettres sont doublées pour marquer le pluriel). C'est une référence aux dirigeants du canton de Berne qui occupait le Pays de Vaud à l'époque.

Dans la nuit du 11 au 12 décembre 1602, une armée de 2000 Savoyards tente de prendre Genève en escaladant ses remparts. Une partie de la troupe parvient à entrer dans la ville, mais les habitants réagissent suffisamment vite pour chasser les envahisseurs ou les faire prisonniers. Cette résistance est symbolisée par le geste de Catherine Royaume (dite Mère Royaume), qui a jeté un pot en étain sur la tête d'un soldat savoyard. Aujourd'hui encore, début décembre, les Genevois fêtent l'Escalade et la Mère Royaume en brisant des marmites en chocolat.

1616-1798

L'indépendance totale

A l'issue de la guerre de Trente Ans, le Traité de Westphalie consacre l'indépendance de la Suisse.

La Confédération confirme sa neutralité. Hormis quelques conflits mineurs, le pays connaît la paix et une certaine prospérité.

La notion d'appartenance à une « nation » suisse prend forme dans certaines élites.

Le Traité de Westphalie (1648)

- De 1618 à 1648, la **guerre de Trente Ans** ravage l'Europe. Elle oppose le Saint Empire et ses alliés catholiques aux autres puissances européennes, protestantes pour la plupart. Les Confédérés dépassent leurs divisions, malgré les liens qui unissent chaque camp confessionnel à d'autres pays. La Suisse se forge une **neutralité armée** : elle reste hors des conflits, mais se défend en cas d'agression. Pour répondre à des incursions étrangères en 1633 et 1638, la Diète lève ainsi une armée de 36 000 hommes.

  Seules les ligues grisonnes sont touchées par la guerre de Trente Ans.

- A chaque fois que la Confédération est menacée, un Conseil de guerre se réunit. En 1647, après des attaques françaises et suédoises en Thurgovie, le Conseil établit un « défensional », (pacte pour organiser la défense du territoire).

  En 1673, un nouveau défensional est signé entre les treize cantons et quatre de leurs alliés. Plus contraignant que le précédent, il constitue la première vraie réglementation militaire d'ampleur nationale.

- En 1648, le Traité de Westphalie (région du nord-ouest de l'Allemagne) clôt la guerre de Trente Ans. Le Bâlois Jean-Rodolphe Wettstein obtient, au nom de la Confédération, la reconnaissance par toute l'Europe de l'**indépendance totale** de la Suisse.

  Le Saint Empire renonce à son contrôle sur Bâle, Appenzell, Schaffhouse et Saint-Gall.

Violences internes

- La Confédération connaît aussi quelques conflits durant cette période. Ainsi, en 1653, les paysans se révoltent à cause de leurs difficiles conditions de vie. C'est la « guerre des paysans ». Les cantons s'unissent pour écraser le soulèvement en quelques mois.

- Deux guerres religieuses ont lieu à Villmergen (AG). Les catholiques gagnent la première en 1656, mais perdent la seconde en 1712. La paix d'Aarau qui s'ensuit instaure l'égalité entre les deux religions et la liberté de les pratiquer.

Le XVIIIe siècle

- A cette époque, la Suisse est une Confédération plutôt paisible et prospère qui compte environ 1,5 million d'habitants. Son économie est l'une des plus florissantes d'Europe. Le savoir-faire des protestants chassés de France et établis en Suisse (les huguenots) contribue à cette prospérité.

- L'**agriculture** évolue. On rationalise l'exploitation des terres et on introduit de nouvelles plantations (pomme de terre, tabac). Les produits cultivés deviennent un enjeu commercial. Toutefois, les paysans ne profitent guère des retombées financières engendrées et doivent compléter leur revenu pour survivre. Ils constituent ainsi une main-d'œuvre intéressante (souvent à domicile avec outillage fourni) pour deux secteurs en plein essor : l'horlogerie (à Genève, puis dans l'arc jurassien) et le textile (à Zurich notamment).

- Le **mercenariat** reste une importante source de revenus (il y a 54 000 hommes en service à l'étranger en 1701). Et comme la Confédération peut rappeler ses hommes au besoin, les puissances européennes qui les emploient la laissent en paix.

- En 1761, des intellectuels créent la Société helvétique pour promouvoir l'idée d'une « nation » suisse, où chacun œuvre dans l'intérêt collectif. La Suisse s'illustre dans les **sciences**, grâce notamment au mathématicien bâlois Leonhard Euler et au savant genevois Horace Bénédict de Saussure.

- La beauté des paysages alpins et la tradition de liberté attirent des voyageurs étrangers (surtout de riches Anglais), marquant ainsi les débuts du **tourisme** en Suisse.

Sous domination bernoise depuis 1536, les Vaudois n'ont aucun droit politique et s'accommodent de cette situation. Ce n'est pas le cas du major **Jean-Daniel-Abraham Davel**, qui décide le 31 mars 1723 de marcher sur Lausanne à la tête des 600 hommes qu'il commande. Devant les autorités lausannoises, il critique l'occupant bernois et prône la libération du Pays de Vaud pour en faire le 14e canton suisse. Alertés par le Conseil de Lausanne lui-même, les Bernois arrêtent le major et le décapitent à Vidy. Sur le moment, ce geste de révolte passe inaperçu. Ce n'est qu'au XIXe siècle qu'on fera de Davel le premier patriote vaudois.

1291-1798

L'évolution du territoire suisse

En quelques siècles, la Confédération passe de quelques vallées alpines à un territoire dont les frontières sont proches de celles qu'on connaît aujourd'hui.

1. La Suisse « primitive », 1291

→ p. 21

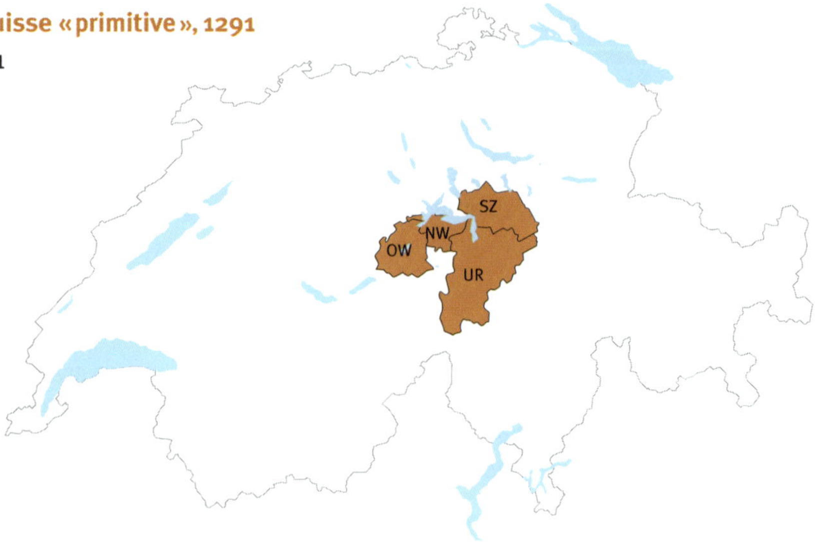

2. La Confédération des huit cantons, 1388

→ p. 22

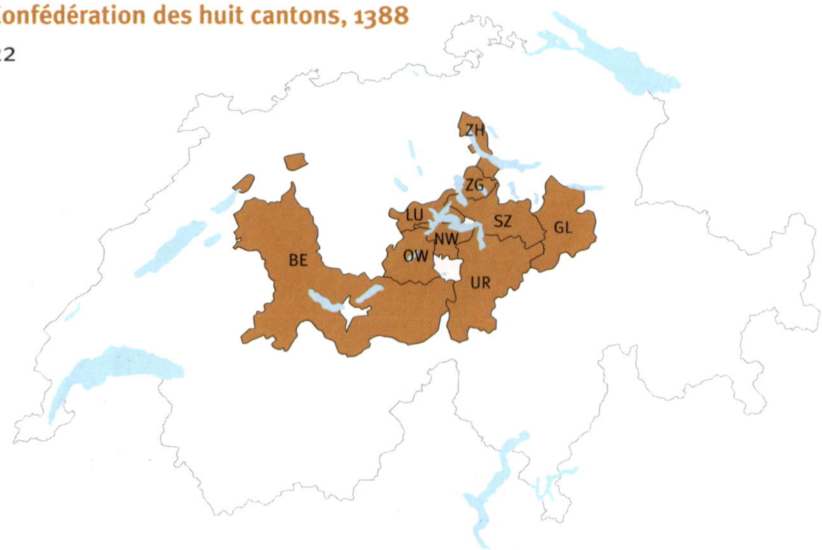

3. La Confédération des treize cantons, 1513

⇢ p. 26

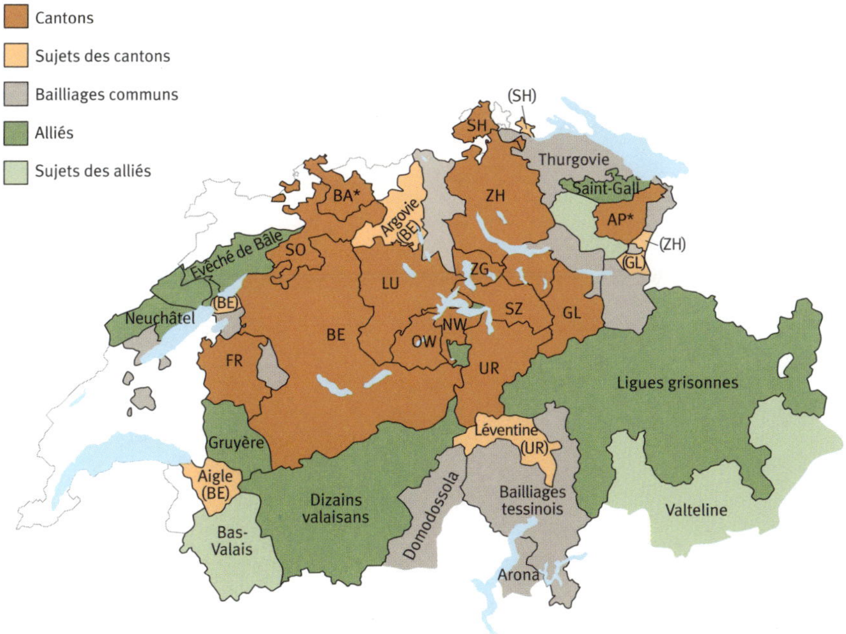

** BA : Bâle avant que le canton ne soit divisé (⇢ p. 49)*
AP : Appenzell avant que le canton ne soit divisé (⇢ p. 31)

4. La Suisse de l'Ancien Régime, 1536-1798

⇢ p. 34

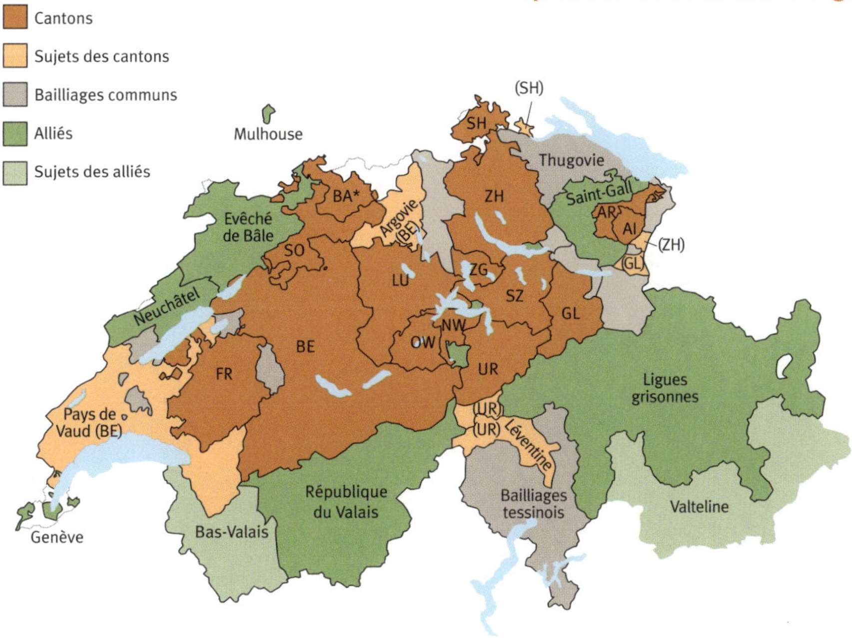

** BA : Bâle avant que le canton ne soit divisé (⇢ p. 49)*

Vers la Suisse moderne
(1798-1847)

La Révolution en Suisse
République et Acte de médiation
De treize à vingt-deux cantons
Restauration et Régénération
La guerre du Sonderbund

1789-1798

La Révolution en Suisse

Sous l'influence et la pression de la Révolution française, la Confédération s'effondre.

Dans plusieurs villes et cantons, les régimes aristocratiques sont renversés. La France envahit la Suisse, trop faible et trop éclatée pour résister.

La Suisse devient un pays satellite de la France révolutionnaire puis napoléonienne.

Echos de Paris

- En 1789, un mouvement révolutionnaire se déclenche en France. Il dure une décennie et provoque la chute de la royauté.

- Les événements parisiens ne tardent pas à faire des émules dans les cantons. Les idées patriotiques et les **revendications démocratiques** se répandent, notamment parmi les élites intellectuelles et économiques. Cependant, les autorités cantonales, aux mains de quelques familles privilégiées, refusent toute idée de réforme, préférant réprimer les tentatives de changement.

  Dès 1790, l'évêché de Bâle, le Bas-Valais, le Pays de Vaud, la Valteline, Zurich et Saint-Gall, notamment, connaissent des agitations populaires.

- Des Suisses, partisans de la Révolution, se réfugient à Paris et y fondent un Club helvétique, dont l'influence reste limitée. Il n'est actif que de 1790 à 1791.

- Ce qui se passe à Paris est relaté par la presse naissante. L'émotion est particulièrement vive lorsqu'on apprend le massacre des gardes suisses le 10 août 1792. Ils défendaient le palais des Tuileries attaqué par la foule qui voulait capturer le roi Louis XVI. D'autres massacres ont lieu en septembre. Au total, 5000 Suisses meurent durant ces événements.

  A Lucerne, un monument a été érigé en 1821 en hommage aux Suisses tués à Paris ; il représente un lion agonisant à terre.

En 1792, Berne et Zurich envoient leurs troupes à Genève pour empêcher une invasion française. Un accord est conclu entre les deux camps et chacun se retire. Quelques semaines plus tard, les révolutionnaires prennent pourtant le pouvoir. C'est donc à Genève que la révolution a triomphé pour la première fois en Suisse.

L'invasion française

- La France révolutionnaire cherche à se protéger des autres puissances européennes. Elle s'entoure donc d'Etats tampons. Elle fait pression sur la Suisse pour contrôler ses cols et prendre ses richesses. Menacée et divisée, la Confédération se fissure de partout.

- En 1792, la France envahit le nord de l'évêché de Bâle où une République est proclamée. Mais, après quelques mois, la France annexe purement et simplement ce territoire (Jura actuel).

  Cinq ans plus tard, le sud de l'évêché est également envahi. La Ville de Bâle accorde la liberté et l'égalité à ses sujets.

- En 1795, le Vaudois **Frédéric-César de La Harpe** appelle au soulèvement du Pays de Vaud contre les aristocrates bernois; il n'est pas entendu. Il se réfugie à Paris, où il encourage le gouvernement français à envoyer des troupes.

- En 1797, la Confédération perd la Valteline qui passe sous le contrôle de la nouvelle République Cisalpine, satellite de la France. A la fin de la même année, le général **Napoléon Bonaparte** pousse le gouvernement français à envahir la Suisse pour la « libérer » ; 10 000 hommes sont massés près de Genève.

- Au début de l'année 1798, tout s'accélère. Les élites des villes vaudoises (et non la population, qui s'accommodait plutôt bien de l'occupation bernoise) proclament la République lémanique à Lausanne. Quelques jours plus tard, un général français prend pour prétexte la mort de deux de ses soldats en mission à Thierrens (VD) pour envahir la Suisse. Berne ne réagit pas. Un mois plus tard, les villes, les cantons et leurs alliés font leur révolution. Plus de 40 républiques sont proclamées en quelques semaines, mais elles ne survivent pas plus de quelques mois.

- Cet épisode marque la fin de l'Ancien Régime en Suisse. Les Bernois doivent capituler après leur défaite au Grauholz (nord de Berne). Entre le printemps et l'automne 1798, quelques régions, dont la Suisse centrale, se soulèvent contre les Français, mais la répression est violente. Nidwald est dévasté.

Fin 1798, juste après la violente répression des émeutes antifrançaises à Nidwald, la République helvétique (→ p. 44) charge le déjà célèbre pédagogue **Henri Pestalozzi** de réunir à Stans, le chef-lieu, les enfants que la guerre a fait orphelins et de s'en occuper. Installé à Yverdon (VD) dès 1805, il y appliquera sa conception d'une éducation fondée sur le rapport affectif avec l'enfant. Il est considéré comme un pionnier de la pédagogie moderne.

1798-1813

République et Acte de médiation

La France occupe la Suisse et la dote de nouvelles institutions politiques.

A l'opposé de la tradition confédérale, la République helvétique est un système complètement centralisé qui ne parvient pas à s'imposer. Par sa médiation, Napoléon autorise un retour partiel à l'Ancien Régime.

Soumise à la France, la Suisse connaît un début de démocratie et quelques années de paix.

Après la chute de la Confédération le 5 mars 1798, la Suisse connaît pendant quelques jours un découpage virtuel (car jamais appliqué). La France a imaginé trois Etats : la République rhodanique (Vaud, Fribourg, Oberland bernois, Valais, Tessin), la Tellgovie (Suisse centrale et Grisons) et la République helvétique (reste de la Suisse alémanique).

République helvétique (…→ carte 5, p. 47)

- En mars 1798, la France républicaine impose à la Suisse un régime à son image : la « République helvétique une et indivisible » (nom officiel). C'est un **Etat unitaire** et centralisé, aux antipodes de la tradition confédérale.

- Le Bâlois Peter Ochs rédige à Paris une constitution prévoyant :
  - deux conseils législatifs élisant un directoire de cinq membres dont le siège est à Aarau (exécutif) ;
  - l'abolition des droits féodaux (qui tardent à disparaître) ;
  - l'introduction de certaines libertés (opinion, presse, propriété), sans qu'elles soient forcément appliquées.

- Les cantons deviennent de simples entités administratives, dirigées par un préfet. Les frontières sont chamboulées.

  Exemples : le Jura et Genève font partie de la France ; les petits cantons centraux sont regroupés en une seule entité : le canton des Waldstätten.

Un régime impossible

- Le « libérateur » français devient un occupant détesté. Les charges qu'il impose à la Suisse sont lourdes. La société est déchirée entre « unitaires » (favorables aux idées nouvelles et à un régime centralisé) et « fédéralistes » (favorables au retour de l'Ancien Régime). Les caisses sont vides, alors que tout est à créer (administration, instruction, etc.).

- L'**instabilité** est constante. Plusieurs coups d'Etat ont lieu. Il n'y a plus de neutralité, mais une alliance militaire imposée avec la France. En 1799-1800, les puissances européennes en guerre se battent également sur sol suisse.

- Devenu premier consul en 1799, Bonaparte retire ses troupes de Suisse en 1802, mais continue de contrôler le pays, qui sombre dans le chaos. Déplacé à Lausanne, le gouvernement ne maîtrise presque plus rien.

La médiation (···> carte 6, p. 47)

- Le 30 septembre 1802, **Bonaparte** impose sa médiation aux Suisses et convoque 63 représentants des unitaires et des fédéralistes à Paris. L'**Acte de médiation** est proclamé le 19 février 1803 : la Suisse a de nouvelles institutions.

- Le pouvoir central est réduit à une Diète qui siège une fois l'an par tournus dans six « cantons directeurs » (FR, BE, SO, BA*, ZH, LU). Le plus haut magistrat du canton directeur est le « landamann de la Suisse » ; il dirige le pays.

  La médiation est la seule période dans l'histoire suisse où une seule personne a dirigé le pays.

- La Suisse compte **dix-neuf cantons** qui ont chacun leur constitution. Les campagnards réinstaurent la landsgemeinde, un système de démocratie directe avec vote à main levée, utilisé en Suisse centrale depuis le XIIIe siècle. Les villes reviennent à un système aristocratique et corporatiste, mais de façon plus modérée qu'avant 1798. Il y a six nouveaux cantons (···> p. 46), issus d'anciens pays alliés, sujets ou bailliages communs, dont les institutions sont partiellement démocratiques.

- Les douanes (entre les cantons) qui existaient avant 1798 ne sont pas rétablies, mais des péages sont maintenus. Il y a une seule monnaie officielle, le franc, mais dans la réalité les cantons conservent leurs spécificités monétaires. L'armée fédérale est composée de contingents cantonaux.

- Bien que soumise à la France (parfois même menacée d'annexion), la Suisse connaît dix ans de paix (1803-1813). Néanmoins, son industrie (surtout textile) souffre du blocus imposé par les ennemis de Napoléon (sacré empereur en 1804).

Maîtres de la Suisse dès 1798, les Français la pillent et s'enrichissent (ils financent ainsi la campagne de Bonaparte en Egypte). Ils mettent aussi la main sur un important contingent de soldats qui sont obligés de combattre pour l'Empire. Au moins 30 000 Suisses auraient servi Napoléon entre 1798 et 1815. Certains lui ont donné leur vie ; à elle seule, la bataille de la Berezina (opposant la France aux Russes en 1812) a fait plus de 7000 morts dans les rangs helvétiques. Mais beaucoup de Suisses en uniforme français sont morts de maladie (choléra) sans même avoir combattu une seule fois.

* BA : Bâle avant que le canton ne soit divisé (···> p. 49)

1803-1815

De treize à vingt-deux cantons

En moins de vingt ans, les frontières de la Suisse sont plusieurs fois modifiées.

Sans pouvoir sous la République helvétique, les cantons sont de nouveau souverains sous l'Acte de médiation, puis le Pacte fédéral.

La Suisse atteint ses frontières actuelles.

Neuf nouveaux membres

Neuf nouveaux cantons rejoignent la Confédération en deux vagues : en 1803, puis en 1815.

AG

Argovie, 1803 – Ancienne terre habsbourgeoise – en partie conquise par les Suisses, puis morcelée entre l'Autriche, Berne et des bailliages communs–, l'Argovie est coupée en deux en 1798 avant de devenir un canton.

GR

Grisons, 1803 – Confédération d'Etats fédéraux, alliée à la Confédération suisse, les Grisons deviennent un canton. En 1815, ils revendiquent leur indépendance, sans succès.

SG

Saint-Gall, 1803 – Deux pouvoirs ont coexisté pendant des siècles à Saint-Gall : l'abbé et la ville, chacun allié de différents cantons. En 1803, leurs territoires, des pays sujets et des bailliages communs sont regroupés.

TI

Tessin, 1803 – Le nord du Tessin (Léventine) est un sujet d'Uri et le sud, acquis lors des guerres d'Italie, se trouve partagé en bailliages communs avant que ne se fasse l'unité cantonale.

TG

Thurgovie, 1803 – Terre sous la domination des Habsbourg, la Thurgovie est conquise par la Confédération au XVe siècle et devient un bailliage commun, puis un canton.

VD

Vaud, 1803 – Savoyard puis bernois (1536), le Pays de Vaud comprenait quatre bailliages communs sous l'Ancien Régime. Après une révolution bourgeoise en 1798, l'ensemble devient un canton en 1803.

GE

Genève, 1815 – En 1526, les bourgeois genevois prennent le pouvoir à l'évêque. Française de 1798 à 1815, Genève devient un canton et unifie son territoire avec quelques communes voisines.

NE

Neuchâtel, 1815 – La principauté de Neuchâtel est sous le contrôle de la Prusse depuis 1707. Elle devient canton, mais garde le statut de principauté prussienne jusqu'en 1857 (→ p. 58).

VS

Valais, 1815 – Sous l'Ancien Régime, le Valais (haut et central) est une république dont le Bas-Valais est sujet. Indépendant en 1803, il devient canton après avoir été français entre 1810 et 1815.

Le territoire suisse de 1798 à 1815

5. La République helvétique, 1798

⋯⋯> p. 44

6. L'Acte de médiation, 1803

⋯⋯> p. 45

7. Le Pacte fédéral, 1815

⋯⋯> p. 48

** BA : Bâle avant que le canton ne soit divisé (⋯> p. 49)*

1813-1832

Restauration et Régénération

La chute de Napoléon Ier entraîne la fin de la dépendance de la Suisse envers la France.

Le Pacte fédéral de 1815 marque un retour quasi-total à l'Ancien Régime (les pratiques d'avant la Révolution française), c'est ce qu'on appelle la Restauration. Vers 1830, les cantons font progressivement des concessions démocratiques. C'est l'époque de la Régénération.

Les libéraux tentent de faire progresser leurs idées: centralisation de l'Etat et libertés individuelles.

En 1815, après la bataille de Waterloo (défaite de Napoléon), l'armée fédérale (24 000 hommes) pénètre en Franche-Comté et dans le Pays de Gex. Durant quelques mois, elle occupe les régions frontalières. C'est la dernière fois que des troupes suisses s'engagent à l'étranger avant les missions de paix au XXe siècle.

Le Pacte fédéral

- En décembre 1813, les armées des pays coalisés contre la France de Napoléon (Autriche, Prusse, Russie) traversent la Suisse par l'ouest pour aller conquérir la France. La Diète et l'armée ne peuvent rien faire. C'est la fin de la domination française en Suisse, et donc la fin de la médiation.

  Plusieurs cantons, dont Berne, en profitent pour réinstaurer l'Ancien Régime. Bienne et Genève (qui étaient annexées par la France) proclament quant à elles la république.

- Les cantons sont divisés. Début 1814, deux diètes coexistent: une pour les cantons conservateurs (favorables à l'Ancien Régime) et une pour les cantons progressistes (influencés par les idées libérales). L'existence des six nouveaux cantons de 1803 paraît menacée (Berne veut, par exemple, récupérer l'Argovie). Mais un accord entre tous les cantons est trouvé et le Pacte fédéral est conclu le 7 août 1815. La **«Confédération suisse»** (nom officiel aujourd'hui encore) est constituée de cantons indépendants.

  La Diète (l'organe central de cette nouvelle Confédération) n'est compétente qu'en matière de politique étrangère. Elle siège deux ans par tournus dans un canton directeur (ZH, BE, LU). Les cantons forment et équipent une armée fédérale.

La Suisse au Congrès de Vienne

- Pour réorganiser l'Europe après la défaite de Napoléon, un congrès se tient à Vienne entre 1814 et 1815. Les vainqueurs de la France veulent s'en protéger en l'entourant d'Etats tampons, dont la Suisse.

- Le Traité de Paris est signé à l'issue du Congrès de Vienne (en 1815). Les alliés y consacrent l'**«inviolabilité de la Suisse»** et sa **«neutralité perpétuelle»**. Le pays atteint ses frontières actuelles.

  La Confédération compte trois nouveaux cantons (⇢ p. 46). L'ancien évêché de Bâle (Jura, Jura bernois et Laufon actuels) est attribué à Berne en compensation de l'Argovie.

Retour à l'Ancien Régime

- En France, la **Restauration** marque le retour à la monarchie en 1814-1815. Un phénomène similaire est observé en Suisse (même s'il n'y a pas de roi) où réapparaissent les pratiques de l'Ancien Régime : libertés individuelles restreintes, pouvoir entre les mains de l'aristocratie et des corporations.

- Les nouveaux cantons, à l'image de Vaud, sont plutôt progressistes (ils sont favorables aux idées libérales qui prônent la démocratie et défendent les libertés individuelles). Mais ils se font remettre à l'ordre par les anciens.

  Dans le canton de Vaud, par exemple, le droit de vote est exercé seulement par les citoyens les plus riches.

- La Suisse accueille des opposants étrangers. Les puissances conservatrices européennes surveillent le pays de près.

- A cette époque, le développement économique reprend, mais il est freiné par les barrières cantonales. Il y a des douanes entre chaque canton, le système de poids et mesures n'est unifié qu'entre douze d'entre eux, et la monnaie unique apparue à l'époque de l'Acte de médiation a disparu.

Un peu de démocratie

- En Suisse, la **Régénération** est la période qui voit progresser les idées libérales à la suite de la révolution française de 1830. On revendique l'égalité des droits et l'instauration du droit de vote pour tous.

- Influencés par ces idées, la moitié des cantons (dont BE, ZH, VD et FR) démocratisent peu à peu leur Constitution. Les libéraux y accèdent au pouvoir.

  En 1832, les libéraux présentent à la Diète un projet de révision du Pacte fédéral introduisant plus de libertés individuelles, mais celui-ci est refusé.

- Ailleurs (notamment à Neuchâtel et en Suisse centrale), la Régénération échoue. En **1832**, après une guerre civile, la ville de **Bâle** (conservatrice) et sa campagne (plus progressiste) se séparent en deux demi-cantons : Bâle-Ville (BS) et Bâle-Campagne (BL).

BS

BL

En 1832, après l'échec de la révision du Pacte fédéral devant la Diète, seule la réforme qui introduit le Jeûne fédéral le troisième dimanche de septembre est adoptée. L'idée avait été lancée par le canton de Berne en 1794 pour renforcer la Confédération face aux mouvements révolutionnaires. Cette fête rassemble catholiques et protestants autour de la tradition médiévale des journées de pénitence. Seule Genève n'en tient pas compte, maintenant son Jeûne genevois.

1815-1847

La guerre du Sonderbund

Trop décentralisée pour bien se développer, la Confédération est déchirée sur les choix à faire pour son avenir.

Des différends religieux mettent le feu aux poudres. Sept cantons font sécession. Une guerre civile éclate, mais elle est brève et peu meurtrière.

Favorables à la démocratie et à la centralisation du pays, les radicaux sortent grands vainqueurs du conflit.

Une Suisse divisée

- Depuis 1815, deux Suisse s'opposent. L'une, conservatrice, veut l'indépendance des cantons. L'autre, libérale, veut une Confédération plus unitaire et davantage de démocratie. D'autres formes d'opposition s'ajoutent à celle-ci : **catholiques** contre **protestants**, campagnes contre villes, élites contre peuple.

  Dans leurs écrits, les observateurs de l'époque parlent d'« anarchie » ou de « chaos ». Ils craignent une dissolution de la Confédération. Malgré ces tensions, la notion de Suisse comme patrie commune progresse dans les esprits durant la première moitié du XIXe siècle.

- L'industrialisation reste limitée et les paysans sont majoritaires. Mauvaises récoltes et hausse des prix engendrent pauvreté et insécurité. De 1845 à 1847, la maladie de la pomme de terre provoque la dernière famine en Suisse.

  Sur 200 000 Vaudois, 40 000 vivent dans la pauvreté.

- Plus à gauche que les libéraux, les radicaux veulent changer le système en instaurant la démocratie et en centralisant le pouvoir. Leurs adversaires voient en eux des révolutionnaires.

Les couvents et les jésuites

Deux crises précipitent la Suisse dans la guerre civile.

- Après un soulèvement de paysans catholiques, le canton d'Argovie, dirigé par un radical, décide de fermer les couvents en 1841, violant ainsi le Pacte fédéral. La Diète obtient un compromis : seuls les couvents de femmes sont rouverts.

- Les cantons catholiques conservateurs veulent limiter l'influence libérale. En 1845, Lucerne confie l'enseignement supérieur aux jésuites. L'affaire scandalise les radicaux, pour qui cette congrégation est au service des conservateurs. A la Diète, il manque peu de voix aux libéraux et aux radicaux pour voter l'expulsion des jésuites.

La marche vers le conflit

- En septembre 1843, six cantons catholiques et conservateurs (UR, SZ, NW/OW, LU, ZG, FR) concluent une **alliance secrète** de défense militaire (elle est révélée en 1846). Plus tard, leurs adversaires appelleront cette alliance le « Sonderbund » (« alliance séparée »). Le Valais rejoint les alliés catholiques en 1844, alors que Neuchâtel et Appenzell Rhodes-Intérieures, pourtant conservateurs, restent neutres.

  Le Pacte fédéral autorise les accords entre cantons, mais pas avec l'étranger. Or, les sept cantons du Sonderbund se sont assuré l'appui de plusieurs pays, dont la France et la Prusse qui envoient même des troupes aux frontières suisses.

- Depuis qu'ils ont pris le pouvoir par la force dans les cantons de Vaud et de Genève et qu'ils ont gagné les élections à Saint-Gall, les radicaux sont majoritaires à la Diète. Cette dernière vote la dissolution du Sonderbund le 20 juillet 1847. La **guerre civile** est inéluctable.

En cas de victoire, certains chefs du Sonderbund envisageaient de modifier la carte de la Suisse au profit des catholiques. Le Lucernois Constantin Siegwart-Muller prévoyait la création d'un canton du Jura. Tout le Nord Vaudois serait allé à Fribourg, l'Est Vaudois depuis Vevey serait devenu valaisan. Fribourg aurait récupéré encore une partie de l'Oberland et du Simmental bernois. Le Valais et Obwald se seraient partagé le reste de l'Oberland. Toute l'Argovie catholique, ainsi que Zofingue et Aarbourg seraient allés à Lucerne. Glaris aurait été réparti entre Schwytz et Uri. Zoug se serait étendu au nord sur Zurich.

Trois semaines de guerre

- En novembre 1847, l'armée fédérale (100 000 hommes commandés par le général **Guillaume-Henri Dufour**) fait face aux 80 000 soldats du Sonderbund, placés sous les ordres du général Johann Ulrich von Salis-Soglio.

  Paradoxe : le camp radical (progressiste) est commandé par un conservateur (Dufour), alors que les séparatistes (catholiques) sont aux ordres d'un protestant (Salis-Soglio).

- En grande partie grâce à la maîtrise et au pragmatisme du général Dufour, l'armée fédérale mène victorieusement la guerre du Sonderbund en trois semaines. Fribourg est le premier à tomber. Uri tente vainement d'attaquer le Tessin. Zoug capitule sans combattre.

- L'attaque principale est menée à Gislikon (LU) contre le canton de Lucerne (le 23 novembre 1847). L'armée fédérale y obtient une victoire décisive. Les autres cantons séparatistes rendent les armes dans les jours qui suivent et leurs dirigeants fuient en Italie. Le bilan humain de la guerre du Sonderbund est d'une centaine de morts et d'environ 300 blessés.

La création de l'Etat fédéral
(1848-1914)

La première Constitution fédérale
La Constitution de 1874
Les relations avec l'extérieur
Economie et société
Le mouvement ouvrier

1848

La première Constitution fédérale

Après la guerre du Sonderbund, la Suisse se dote de nouvelles institutions.

La Suisse devient un Etat fédéral, composé de cantons souverains. Elle est dirigée par un gouvernement de sept membres et un parlement composé de deux Chambres. La Confédération centralise de nouveaux pouvoirs.

Le système politique mis en place en 1848 est encore en vigueur aujourd'hui.

Pour rédiger la Constitution fédérale, la Diète fait appel à des radicaux membres de gouvernements cantonaux, rompus au compromis. Parmi eux, le Vaudois Daniel-Henri Druey. La toute nouvelle Assemblée fédérale élit la plupart des constituants au premier Conseil fédéral le 16 novembre 1848. Le premier président de la Confédération est le Zurichois Jonas Furrer.

L'après-guerre

- Après la guerre du Sonderbund, l'armée fédérale occupe les sept cantons catholiques à l'origine du conflit (les régimes conservateurs qui étaient à leur tête sont renversés). La facture de la guerre est lourde. Charge est donnée aux cantons catholiques et aux cantons restés neutres de la payer.

- La victoire du camp progressiste est si fulgurante que les puissances conservatrices (France, Autriche et Prusse) n'ont pas le temps d'intervenir. Néanmoins, elles surveillent de près les aspirations démocratiques des radicaux. Mais des révolutions éclatent en Europe, à commencer par Paris en février 1848, et détournent leur attention.

  La Suisse a été une pionnière, déclenchant – et réussissant – sa mutation démocratique avant le reste de l'Europe.

La révision du Pacte fédéral

- La Diète (où les radicaux sont majoritaires) veut changer les institutions. Elle accepte un projet de constitution avant de le soumettre en votation dans les cantons qui l'acceptent à leur tour par une majorité de quinze et demi contre six et demi. La **Constitution** est proclamée le 12 septembre 1848.

  Les six cantons et demi qui refusent la Constitution : UR, SZ, ZG, VS, TI, NW/OW, AI.

- La Suisse devient un **Etat fédéral centralisé**, mais elle continue de s'appeler « Confédération ». Les cantons ne sont plus indépendants mais « souverains » (autonomes). Ils cèdent certaines compétences à la Confédération.

  Une confédération est une alliance d'Etats indépendants. Dans une fédération, il existe un gouvernement central qui concentre les pouvoirs les plus importants.

- Un régime démocratique est mis en place. Les citoyens se voient octroyer des droits et des libertés. Ils sont censés être égaux devant la loi. Pourtant, les femmes n'ont pas le droit de vote.

  La Constitution de 1848 garantit la liberté d'établissement pour les citoyens de confession chrétienne ; la liberté des cultes chrétiens (cependant, les jésuites sont interdits) ; la liberté de la presse ; le droit d'association, de réunion et de pétition ; la liberté du commerce et de l'industrie.

Les nouvelles institutions

- Un **Conseil fédéral** (gouvernement) de sept membres, avec une présidence tournante d'une année (président de la Confédération) est instauré. C'est le pouvoir exécutif.

- L'**Assemblée fédérale** est le pouvoir législatif. Elle est composée de deux Chambres, l'une représentant le peuple (Conseil national) et l'autre les cantons (Conseil des Etats). Peu peuplés, les ex-cantons séparatistes (catholiques) ont peu de poids au Conseil national. Mais, au Conseil des Etats, ils ont la même représentation que les autres cantons.

  Le Conseil national est élu à l'époque pour trois ans, il y a un siège pour 20 000 habitants, 111 au total. Le Conseil des Etats est aussi élu pour trois ans, il y a deux sièges par canton et un par demi-canton, 44 au total.

Lors de leur première session en novembre 1848, les Chambres doivent trancher: où seront basées les nouvelles autorités? Trois villes sont en compétition: Berne, Zurich et Lucerne. On parle aussi d'Aarau (AG) et de Zofingue (AG). Certains veulent construire une ville fédérale nouvelle, à l'image de Washington. Finalement, Berne est choisie (c'était la préférence des Romands). La construction du premier Palais fédéral (l'aile ouest de l'actuel qui, lui, date de 1902) s'achève en 1857. En compensation, Zurich accueillera une Ecole polytechnique fédérale, l'EPFZ, fondée en 1854.

Un Etat centralisé

- Jusqu'en 1848, la Confédération ne s'occupait que des affaires étrangères. La nouvelle Constitution lui permet de prendre des mesures centralisatrices:
  - suppression des barrières douanières entre cantons et instauration de tarifs douaniers uniques;

    Les taxes douanières sont la principale source de revenu de la Confédération, les impôts restent cantonaux.
  - reprise des postes avec timbres et tarifs identiques;
  - organisation centralisée de l'armée;
  - mise en place d'une **monnaie unique**: le franc, système français, est préféré au florin d'Europe centrale;
  - unification des poids et mesures: le pied, la livre et le pot sont choisis comme unités.

    Le système décimal actuel (mètres et grammes), préféré des Romands, n'est adopté qu'en 1868. Il est appliqué dès 1874.

- Ces mesures favorisent la **prospérité** générale, l'un des buts visés par la Constitution. Des institutions et une administration unifiées facilitent le développement économique.

- Les cantons conservent leur pouvoir en matière d'instruction, de santé, de routes, de travaux publics, de justice et de cultes. Ils ont chacun leur Constitution, leur gouvernement (Conseil d'Etat) et leur Parlement (Grand Conseil), leurs lois, leur administration, leur police et leurs finances (ce sont eux qui perçoivent l'impôt).

1848-1874

La Constitution de 1874

Les plaies de la guerre civile mettent du temps à se refermer. Des divisions subsistent.

Petit à petit, certains cantons étendent les droits populaires. En 1874, la Constitution révisée introduit le référendum facultatif et renforce la centralisation au détriment des cantons.

La Constitution de 1874 reste en vigueur jusqu'à la fin du XXᵉ siècle.

Les divisions subsistent

- Malgré la paix retrouvée et la création de nouvelles institutions, la Suisse d'après 1848 reste divisée. Dans les cantons de l'ex-Sonderbund, le traumatisme de la défaite est encore présent. Une véritable haine subsiste entre les cantons centraux et ceux du Plateau.

- Aux premières élections fédérales en novembre 1848, les **radicaux** obtiennent une écrasante majorité. Malgré leur division (entre une aile gauche, partisane d'un Etat plus centralisé, et une aile droite, libérale, notamment en matière économique), ils ont aussi le pouvoir dans une majorité des cantons.

- Les réformes radicales se heurtent aux traditions. La séparation de l'Eglise et de l'Etat, imposée dans les Constitutions cantonales, contrarie le Saint-Siège (actuel Vatican) et certains fidèles catholiques; c'est ce qu'on appelle le Kulturkampf.

- Depuis 1848, les cantons vaincus et ceux restés neutres paient une dette de guerre à la Confédération. En 1852, le solde de celle-ci est annulé et les rapports s'apaisent quelque peu.

L'opposition aux radicaux

- Les **conservateurs** regagnent des forces et reprennent parfois le pouvoir, comme à Lucerne en 1871.

- Les dirigeants radicaux monopolisent les pouvoirs économique et politique : ils constituent la bourgeoisie. Face à eux, l'opposition est disparate : mouvement ouvrier naissant, paysans traditionalistes, artisans en difficulté financière, intellectuels démocrates, ancienne aristocratie. Ces opposants parviennent à se coaliser pour réclamer davantage de droits populaires, voire pour prendre le pouvoir.

Ce genre d'alliance antiradicale dirige le canton de Vaud entre 1861 et 1866. A Genève, la lutte fait rage entre une coalition similaire et les radicaux de James Fazy. Les conservateurs (alliés à des libéraux) reprennent le pouvoir à Fribourg en 1857.

Le général Dufour, commandant de l'armée fédérale durant la guerre du Sonderbund, devient une icône de la réconciliation nationale. Les « Dufourli », des pipes à son effigie, se vendent comme des petits pains en Suisse centrale. Le général était également topographe. On lui doit la « carte Dufour », première représentation géographique précise du territoire suisse (1864).

Procédure de révision

- Les tensions politiques ouvrent la voie à un projet de révision de la Constitution fédérale dont les objectifs sont de centraliser encore plus les compétences à Berne, de donner davantage de droits au peuple et de laïciser l'Etat.

- La modification de la Constitution est prévue dans le texte de 1848, mais elle nécessite la double majorité; celle du peuple et celle des cantons. En 1872, un premier projet, jugé trop centralisateur, est rejeté. En 1874, une version plus consensuelle du texte est acceptée. On y renonce à l'unification du droit: les cantons conservent leurs propres codes civil (jusqu'en 1912) et pénal (jusqu'en 1942).

  A la fin du XXe siècle, le Parlement a entièrement révisé la Constitution. Approuvé en votation populaire le 18 avril 1999, le nouveau texte est entré en vigueur le 1er janvier 2000. Il est très proche, dans la forme et dans le fond, de celui de 1874.

Les nouveautés du texte

- Le **référendum facultatif** est instauré. Il permet de faire soumettre à votation populaire une loi votée au Parlement si 30 000 citoyens le demandent (50 000 à partir de 1977).

  Le droit d'initiative populaire date de 1881: il faut alors 50 000 signatures (100 000 depuis 1977) pour faire passer en votation populaire (double majorité) une proposition de modification constitutionnelle.

- Les cantons ne conservent que des compétences administratives minimes en matière militaire.

- L'école primaire est obligatoire et indépendante de la religion. L'instruction publique est prise en charge par les cantons.

- La création de nouveaux couvents est interdite. Les jésuites n'ont plus le droit d'intervenir dans l'enseignement et l'Eglise.

- Créé en 1848, le **Tribunal fédéral** n'est plus itinérant et s'installe à Lausanne. L'Assemblée fédérale en élit les juges.

- L'état civil est confié aux autorités cantonales civiles (et non religieuses), tout comme les cimetières.

En 1848, les radicaux règnent quasiment sans partage sur la Suisse: ils occupent tous les sièges au Conseil fédéral et peuvent compter sur une majorité écrasante au Parlement. En 1891, ils doivent céder une place au gouvernement aux catholiques-conservateurs (futurs démocrates-chrétiens). Le Parti radical conserve la majorité parlementaire jusqu'en 1919, année d'introduction du système d'élection proportionnel (→ p. 68). Les radicaux gardent la majorité absolue au Conseil fédéral jusqu'en 1954.

1848-1900

Les relations avec l'extérieur

Confirmée dans sa neutralité, la Confédération échappe aux conflits européens mais connaît tout de même des crises avec certains de ses voisins.

Née d'une initiative helvétique, la Croix-Rouge mène sa première opération d'envergure en accueillant des soldats français défaits en 1870.

Sur la scène internationale, la Suisse devient un pays médiateur et une terre de refuge.

Neuchâtel, Savoie et Bourbaki

- De 1815 à 1848, **Neuchâtel** est à la fois un canton et une principauté dépendant du roi de Prusse. En 1848, les républicains y prennent le pouvoir : la Prusse ne reconnaît pas le nouveau régime, mais ne réagit pas. En 1856, des royalistes tentent un coup d'Etat. L'armée fédérale intervient et capture les chefs des insurgés. La Prusse exige leur libération, mais le Conseil fédéral refuse. Les deux pays se préparent à la guerre. Grâce à la médiation de la Grande-Bretagne et de la France, le conflit est évité.

  Les prisonniers sont libérés et le roi de Prusse ne conserve que le titre honorifique de prince de Neuchâtel.

- En 1860, la Confédération sort perdante d'une affaire qui l'oppose à l'empereur français Napoléon III, sur le point d'annexer la **Savoie**. Sous l'impulsion du conseiller fédéral Jakob Stämpfli, la Suisse en revendique la partie nord (Evian, Annemasse et Annecy), sur laquelle elle a un droit d'occupation militaire depuis 1815. Une minorité de la population concernée signe une pétition pour rejoindre la Suisse. Toutefois, la Savoie décide de devenir française par référendum.

  En compensation, une zone franche (sans taxes douanières) est maintenue autour du canton de Genève.

- En 1870, la guerre franco-allemande met en déroute les troupes de Napoléon III. L'armée fédérale garde les frontières. Défaits, les 85 000 soldats français du général **Bourbaki** entrent en Suisse par Les Verrières (NE). Désarmés, ils sont recueillis et soignés sur tout le territoire. C'est la première opération d'envergure de la Croix-Rouge.

  D'abord pro-allemande, la population suisse est ensuite sensibilisée par le sort des soldats français affamés et démunis.

La création de la Croix-Rouge

- Dans les années 1850, le Genevois **Henry Dunant** dirige une affaire de moulins à blé dans une colonie suisse en Algérie française. L'entreprise fait faillite et Dunant va plaider sa cause en 1859 auprès de l'empereur Napoléon III, alors en guerre contre les Autrichiens à Solferino, en Italie.

- Sur place, le Genevois est confronté au spectacle sanglant de milliers de blessés laissés sans assistance. De retour à Genève, il publie en 1862 *Un souvenir de Solferino*. Dans ce livre, il propose de créer des « sociétés de secours » pour soigner les blessés en temps de guerre et de fixer des règles internationales en la matière.

- Une commission se réunit, dont Dunant et le général Dufour sont membres. Elle commence par se doter d'un emblème, signe distinctif pour protéger les soignants dans les combats : une croix rouge sur fond blanc.

  C'est le drapeau suisse dans ses couleurs inversées (→ p. 22). Mais rien n'atteste qu'on a choisi cet emblème pour cette raison.

- Le Comité international de la Croix-Rouge **(CICR)** est créé en 1863. Il organise une conférence internationale à Genève en août 1864, dont est issue la « Convention pour l'amélioration du sort des militaires blessés dans les armées en campagne ». C'est la naissance du droit international humanitaire.

  La création de la Croix-Rouge marque le début de la vocation internationale de la Suisse qui, à Genève en particulier, accueille aujourd'hui encore le siège de nombreuses organisations.

Une terre de refuge

La Suisse accueille de nombreux opposants politiques étrangers. Les gouvernements de leurs pays d'origine font régulièrement pression sur la Confédération, mais sans succès.

Exemples :
- *le Français Gambetta, opposé à Napoléon III (une place et une avenue portent son nom à Clarens (VD)) ;*
- *le peintre français Courbet, partisan de la Commune de Paris (révolution avortée en 1871), mort à La Tour-de-Peilz (VD) en 1877 ;*
- *le révolutionnaire russe Lénine, qui séjourne en Suisse, notamment à Genève, à plusieurs reprises entre 1900 et 1917.*

Dès la fin du XIXe siècle, et jusqu'à nos jours, la Suisse joue parfois un rôle de médiateur dans des différends entre pays. Ainsi, en 1900, le président de la Confédération Walter Hauser arbitre un vieux litige territorial entre le Brésil et la France. La colonie française de Guyane a une frontière commune avec le pays d'Amérique du Sud. Hauser tranche en faveur du Brésil, contraignant la France à renoncer à un vaste territoire.

1815-1914

Economie et société

Industries, infrastructures, services, qualité de vie : la Suisse se développe et s'enrichit.

L'économie se spécialise dans des domaines pointus. Le pays se dote du réseau ferroviaire le plus dense du monde. Le tourisme devient une véritable industrie.

Mais une partie de la population demeure défavorisée et préfère émigrer sur d'autres continents.

En 1856, le tracé de la ligne de chemin de fer entre Genève et Berne oppose le gouvernement vaudois à la ville de Lausanne. Le premier privilégie un tronçon par Yverdon et Morat, plus simple à construire, mais évitant la capitale vaudoise. Cette dernière réclame une ligne plus à l'est, partant de Lausanne et desservant aussi Fribourg. C'est cette version qui l'emporte.

Un pays industrialisé

- Comme ailleurs en Europe, la Suisse fait sa **révolution industrielle** au XIXe siècle. L'horlogerie (sur l'arc jurassien) et surtout l'industrie textile (au nord et à l'est) dominent. Dès 1848, la centralisation (⇢ p. 55) favorise l'essor économique.

- Sans matières premières ni accès à la mer, le pays se spécialise dans des domaines pointus : industrie chimique et alimentaire, machines, banques, assurances.

  Exemples :

  - *vers 1860, Henri Nestlé, réfugié allemand, invente à Vevey un produit à base de farine et de lait pour les mères qui ne peuvent pas allaiter ; la société Nestlé deviendra une multinationale ;*
  - *vers 1880, Julius Maggi, fils d'un immigré italien, et le Suisse Fridolin Schuler lancent des potages en poudre (la société Maggi fait aujourd'hui partie de Nestlé) ;*
  - *fondées dans les années 1860-1870, les banques de Winterthour, de Thurgovie et la Basler Handelsbank sont les lointains ancêtres de l'UBS, aujourd'hui l'une des plus grandes banques du monde.*

Les transports

- Dès 1815, des routes permettent de franchir les Alpes en diligence. En 1823, le premier bateau à vapeur navigue sur le Léman.

- L'arrivée du **chemin de fer** en Suisse est tardive. La première ligne (Zurich–Baden) date de 1847. De 1854 à 1864, 1300 kilomètres de ligne sont construits grâce à des capitaux privés. A la fin du siècle, le pays a le réseau le plus dense du monde.

- Le percement du **tunnel du Gothard** (1872-1882) permet de traverser les Alpes par le rail. C'est une prouesse technique pour l'époque. Le Simplon est achevé en 1906 et le Lötschberg en 1913.

- En 1902, la Confédération rachète la plupart des sociétés de chemin de fer privées et crée une compagnie nationale : les Chemins de fer fédéraux (CFF).

De moins en moins d'agriculteurs

- Vers 1850, près des deux tiers de la population suisse vivent de l'agriculture. Mais cette proportion ne cesse de baisser : les paysans ne sont plus que 25 % en 1914.

  Aujourd'hui, l'agriculture emploie entre 3 % et 4 % de la population.

- Les campagnes sont souvent très pauvres. Le métier de paysan est fatigant, ne rapporte guère et subit la concurrence du grain étranger, moins cher. La paysannerie s'oriente plutôt vers la production laitière, moins pénible et plus lucrative.

Au XIXe siècle, les progrès technologiques bouleversent la vie quotidienne, en tout cas en ville. Développé par les Anglais, le système d'eau courante arrive dans les immeubles vers 1860 ; en milieu rural, il faudra attendre 1945. L'**eau courante** permet l'installation de chasses d'eau (autre invention anglaise) dans les toilettes. Dès les années 1880, l'**électricité** entre dans les foyers et remplace le gaz pour l'éclairage public. Inventé aux Etats-Unis en 1876, le **téléphone** arrive en Suisse à la fin des années 1870. La première ligne relie l'hôpital psychiatrique de Cery au bureau d'assistance publique de Lausanne.

L'émigration

- Pauvreté, forte croissance de la population, territoire restreint, difficultés économiques : plusieurs facteurs poussent les Suisses à émigrer durant le XIXe siècle.

  La Suisse connaît aussi une forte immigration. Beaucoup d'étrangers, surtout des Italiens, travaillent sur les grands chantiers comme celui du Gothard.

- Avec l'appui des autorités (qui se débarrassent ainsi des populations pauvres à entretenir), des habitants d'un même canton quittent le pays en groupe. Des colonies suisses s'établissent dans le monde entier, surtout en Amérique.

  Exemples : Vevay (1803, Etats-Unis), Nova Friburgo (1815, Brésil), New Glarus (1845, Etats-Unis), Nueva Helvecia (1861, Uruguay).

Le tourisme

- Après 1850, le tourisme se développe en Suisse. Grâce au chemin de fer, une riche clientèle, surtout anglaise, est attirée par les paysages, les sports d'hiver et les stations thermales.

  L'arc lémanique (Genève, Lausanne-Ouchy, Vevey-Montreux), les Alpes (Zermatt, Saint-Moritz) ou le Tessin (Lugano) sont les régions les plus prisées des touristes.

- On construit des pensionnats pour les enfants de riches étrangers et des hôtels de luxe. Des lignes ferroviaires alpines au tracé audacieux pour l'époque sont créées (en 1912, un train à crémaillère arrive jusqu'au Jungfraujoch à 3400 mètres d'altitude).

  Des paysans de montagne deviennent guides ou hôteliers.

1838-1914

Le mouvement ouvrier

L'essor économique engendre le développement d'une classe ouvrière qui s'organise pour défendre ses droits.

L'apparition de l'Union syndicale suisse, puis celle du Parti socialiste, sous influence marxiste, facilitent la mise en place d'une politique sociale.

Les conditions de travail et le niveau des salaires s'améliorent progressivement.

En 1832 à Uster (ZH), des ouvriers à domicile mettent le feu à une nouvelle usine de textile qui leur fait concurrence ; ils venaient de s'endetter pour s'acheter des métiers à tisser plus modernes.

Des travailleurs exploités

- Durant la seconde moitié du XIXe siècle, la Suisse s'industrialise et s'enrichit. Mais ce sont surtout les patrons qui en profitent, alors que leurs ouvriers doivent travailler dans des conditions très difficiles.
- Avant 1850, la journée de travail dure 14 ou 15 heures et ne rapporte guère. Dans les ateliers, la discipline est dure. Les enfants dès l'âge de 7 ans sont employés à des tâches difficiles. L'hygiène sur le lieu de travail est mauvaise.
- Le courant de pensée **socialiste** défend la notion de protection sociale face à la montée en puissance du capitalisme. Après 1848 et ses révolutions avortées en Europe, le mouvement de défense de la classe ouvrière, appelée prolétariat, s'intensifie, notamment grâce aux idées de l'Allemand **Karl Marx**. Selon lui, la lutte des classes doit permettre au prolétariat de s'émanciper.

Les premiers militants

- A Genève, dès 1838, la Société du Grütli entend améliorer la situation des ouvriers.
- Dans les années 1860 et 1870, beaucoup d'étrangers, contraints de fuir leur pays à cause de leur activité syndicale, se réfugient en Suisse, notamment à Genève. Ils contribuent au développement du mouvement ouvrier helvétique.
- Des ouvriers allemands exilés en Suisse poussent à la création de sections romandes de l'Association internationale des travailleurs (AIT, « 1re Internationale »), qui tient congrès à Genève en 1866.
- Réfugié en Suisse romande, le Russe Michel Bakounine répand ses idées anarchistes dans certaines sections de l'AIT : il prône la destruction de l'Etat, la liberté de l'individu.

Un syndicat et un parti

- Fondée en 1873, la Fédération ouvrière suisse se transforme en Union syndicale suisse (USS) en 1880. La Conférence ouvrière suisse crée le Parti socialiste (PS) en 1888. Le premier conseiller national socialiste est élu à Zurich en 1890.

  La structuration de la gauche pousse les autres tendances à se réorganiser. Le Parti radical et le Parti populaire catholique (futur PDC) se constituent en 1894.

- L'**USS** prend son essor dans les années 1890. La moitié de ses adhérents sont étrangers, surtout allemands et italiens. Dépourvus de droits, ceux-ci poussent le syndicat à se radicaliser dans le sens de la lutte des classes, multipliant les grèves.

  En 1912, une grève générale (la première en Suisse) paralyse la ville de Zurich durant plusieurs jours.

- Le **PS**, lui aussi, se positionne plus à gauche. En 1904, il adopte un programme marxiste dont le but est la révolution prolétarienne.

La multiplication des mouvements sociaux (par exemple la grève des ouvriers du bâtiment à Genève en 1868 ou des maçons à Lausanne en 1869) pousse les patrons à s'organiser pour faire face aux syndicats. Ils créent en 1870 l'**Union suisse du commerce et de l'industrie** (connue dès 1882 sous le nom de Vorort, rebaptisée economiesuisse en 2000). En 1882, les petits entrepreneurs et les artisans font dissidence et fondent l'**Union suisse des arts et métiers** (USAM). Très vite, Berne propose des subventions à ces puissantes organisations, en échange de leur aide dans l'élaboration de la politique sociale et économique.

La politique sociale

- Sous l'influence des syndicats, la situation des ouvriers s'améliore. De 1850 à 1914, les salaires quadruplent mais les prix augmentent aussi.

- En 1848, Glaris est le premier canton à prendre des mesures sociales : 13 heures de travail par jour, interdiction de travailler au-dessous de 12 ans, mesures pour l'hygiène et la sécurité au travail.

- En 1877, le peuple accepte la loi fédérale sur les fabriques en votation populaire : journée de 11 heures, interdiction de travailler au-dessous de 14 ans, protection des ouvriers et contrôle des fabriques.

  Les patrons s'opposent violemment au projet. Pour la gauche, c'est une première grande victoire politique.

- En 1912, une loi introduit l'assurance-maladie, mais elle n'est pas obligatoire. Les entreprises doivent assurer leurs employés contre les accidents.

  Les premières conventions collectives de travail (CCT) apparaissent vers 1910.

Le XXe siècle
(1914 - aujourd'hui)

La Première Guerre mondiale
L'entre-deux-guerres
La Seconde Guerre mondiale
Les relations avec l'Allemagne
Réécrire l'histoire
Les Trente Glorieuses
L'évolution politique
La Suisse et le monde

1914-1918

La Première Guerre mondiale

La Suisse est entourée de pays en guerre et s'arme pour défendre au besoin sa neutralité.

Des tensions apparaissent entre Alémaniques, plutôt favorables à l'Allemagne, et Romands, tournés vers la France. La guerre engendre des difficultés économiques. Une grève générale éclate en 1918.

A l'issue du conflit, la politique sociale connaît un nouvel élan.

Le général Wille, commandant de l'armée suisse de 1914 à 1918, n'est pas apprécié des Romands. Favorable au militarisme prussien (il est d'ailleurs marié avec la fille de l'ancien chancelier allemand Bismarck), il écrit le 20 juillet 1915 au Conseil fédéral pour lui proposer de faire entrer la Suisse en guerre aux côtés de l'Allemagne. La presse dévoile l'affaire, qui scandalise les francophones.

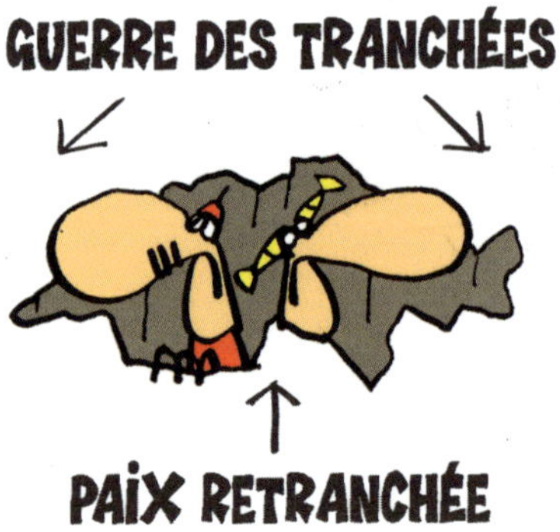

La neutralité en question

- En été 1914, un attentat contre l'héritier du trône austro-hongrois à **Sarajevo** sert de prétexte à l'embrasement de l'Europe. Par le jeu des alliances, l'Allemagne, l'Autriche-Hongrie et la Turquie (empires centraux) affrontent la Russie, la France, la Grande-Bretagne et l'Italie (Alliés).

- Pour la première fois depuis 1815, la Suisse est entourée de pays en guerre. Comme le prévoit la Constitution en cas de conflit, l'Assemblée fédérale élit le colonel **Ulrich Wille** au grade de général le 8 août 1914. Il prend le commandement de l'armée.

- La Suisse confirme sa **neutralité** et le général Wille applique une stratégie de défense du territoire. Les troupes (de 30 000 à 100 000 hommes selon les périodes) sont concentrées dans les régions les plus proches des zones de combat : l'Ajoie (Jura actuel, front franco-allemand) et la Basse-Engadine (Grisons, front italo-autrichien).

- Le pays est bien préparé sur le plan de la défense, mais pas économiquement. Privée de matières premières, l'industrie suisse est ralentie et la population en subit les conséquences.

  Dans un second temps, l'industrie parvient à se relever et à faire de juteux profits en exportant ses produits dans les deux camps.

- Un **« fossé »** (« Graben » en allemand, le mot est déjà employé à l'époque) s'instaure entre les Alémaniques et les Romands qui s'indignent des penchants pro-allemands du commandant de l'armée suisse.

- Des affaires éclatent et scandalisent la Suisse romande.

  Exemples : – *fin 1915, deux officiers ne sont que légèrement punis pour avoir transmis aux Allemands et aux Autrichiens des notes stratégiques sur les Alliés ;*

  – *en juin 1917, le conseiller fédéral Arthur Hoffmann doit démissionner pour être intervenu, sous l'influence d'un conseiller national socialiste, dans des discussions de paix entre la Russie révolutionnaire et l'Allemagne, ce qui aurait permis à cette dernière de concentrer ensuite ses forces contre la France.*

La grève générale de 1918

- La guerre engendre des difficultés économiques, surtout pour la classe ouvrière dans les villes. Les soldats mobilisés perdent souvent leur emploi et ne reçoivent pas de compensation. Les prix flambent, le **chômage** augmente, les salaires baissent.

- Confrontés à la **crise**, le Parti socialiste et l'Union syndicale suisse durcissent le ton. Dès 1916, les manifestations et les grèves se multiplient. En février 1918, des militants constituent un comité d'action appelé « Comité d'Olten ».

  En 1915, une conférence socialiste internationale se tient à Zimmerwald (BE), en présence notamment de Lénine. La ligne révolutionnaire qui y est défendue influence les milieux de gauche en Suisse.

- En novembre 1918, lorsque l'Allemagne s'effondre, l'armée occupe Zurich, craignant une **insurrection** révolutionnaire. Cela déclenche un appel à la grève générale. Le 11 novembre (jour de l'armistice), 250 000 ouvriers arrêtent le travail. Le Conseil fédéral leur lance un ultimatum et les grévistes, menacés par l'armée, renoncent à poursuivre leur mouvement après trois jours.

  Le mouvement est surtout suivi dans les villes alémaniques. Côté romand, l'attention se porte plutôt sur la victoire de la France.

Les conséquences de la grève

- Le mouvement de grève se dissout sans trop de violences, mais le Conseil fédéral craint un moment que n'éclate une révolution, à l'instar de la Russie où les communistes ont pris le pouvoir en 1917. L'armée est constamment prête à intervenir. La tension demeure jusqu'en 1919, où des grèves générales localisées sont encore conduites à Zurich et à Bâle.

- Les ouvriers obtiennent en partie gain de cause : semaine de **48 heures** et augmentation des salaires. D'autres mesures sociales suivront.

  En 1925, le principe d'une assurance-vieillesse est inscrit dans la Constitution. Mais il faudra attendre le milieu du XXe siècle pour voir naître un véritable régime de retraites. L'assurance-vieillesse et survivants (AVS) entre en vigueur en 1948.

Après la guerre, la province autrichienne du Vorarlberg veut devenir le 23e canton suisse. Sa population le confirme par référendum : 47 000 oui contre 11 000 non. Mais le Conseil fédéral et les Chambres rejettent la demande, notamment à cause du scepticisme des Romands et des protestants face à ce possible renforcement de la population germanophone et catholique. La principauté du Liechtenstein, coincée entre la Suisse et le Vorarlberg, signe en 1919 une union douanière avec la Suisse et adopte sa monnaie et son système postal.

1918-1939

L'entre-deux-guerres

Après la guerre, deux importantes crises économiques freinent le développement de la Suisse.

Un nouveau système électoral rééquilibre les forces politiques, notamment en faveur de la gauche. Patrons et syndicats signent la « paix du travail ».

Face à la montée des fascismes, la Suisse se prépare à une nouvelle guerre.

Nouvel équilibre politique

- Après deux refus en 1900 et en 1910, le peuple accepte, juste avant les grèves de 1918, l'introduction du **scrutin proportionnel** (et non plus majoritaire) au Conseil national. Cela favorise les petits partis.

  Contrairement aux Alémaniques, les Romands sont largement favorables à ce type de scrutin. Entre 1891 et 1921, seize cantons adoptent ce procédé pour l'élection à leur Grand Conseil. Le système majoritaire est maintenu au Conseil des Etats, où une large majorité de droite demeure, encore aujourd'hui.

- Lors des premières élections proportionnelles en 1919, les radicaux perdent la majorité absolue qu'ils détenaient depuis 1848. Catholiques-conservateurs (futur PDC) et socialistes obtiennent chacun un quart des sièges. Le Parti des paysans, artisans et indépendants (PAI, future UDC) est un peu moins représenté. Radicaux, conservateurs et PAI constituent un « bloc bourgeois », antisocialiste.

- Après l'introduction de la proportionnelle, un deuxième catholique-conservateur fait son entrée au Conseil fédéral en 1920. Les radicaux ne sont plus que cinq, puis quatre lorsqu'un agrarien (PAI) y accède en 1929 ; la droite s'oppose alors à l'élection d'un socialiste au gouvernement.

La Société des Nations

- Après la Première Guerre mondiale, le **Traité de Versailles** redessine la carte de l'Europe (1919). Le texte confirme la neutralité suisse.

- Les Alliés victorieux créent la Société des Nations (SDN, ancêtre de l'ONU), basée à Genève. Ils invitent la Suisse à y adhérer. Un vif débat éclate sur la compatibilité de la SDN avec la neutralité. Peuple et cantons finissent par dire oui à la SDN en 1920, mais de justesse.

  La Suisse opte pour la « neutralité différentielle » : pas de sanctions armées contre un pays, mais des mesures économiques.

Crises et paix du travail

- De 1920 à 1925, puis de 1930 à 1936, la Suisse subit de plein fouet deux graves **crises économiques**.

  En 1936, il y a 124 000 chômeurs, soit 7 % de la population active.

- Le textile, l'horlogerie et les banques souffrent. La Conseil fédéral dévalue le franc en 1936 pour favoriser les exportations et réduire le chômage. Il crée l'**impôt fédéral direct**, qui s'ajoute à l'impôt cantonal.

  D'autres secteurs, comme celui des machines, s'en sortent mieux, grâce notamment aux investissements effectués pour l'électrification du réseau de chemins de fer dans les années 1920. Grâce au développement de l'hydroélectricité (barrages alpins), la Suisse acquiert une autonomie énergétique.

- La neutralité a garanti à la Suisse une stabilité financière entre 1914 et 1918. Dès les années 1920, la place financière helvétique connaît un essor considérable, devenant l'une des plus importantes du monde, notamment en tant que refuge de capitaux étrangers. Le **secret bancaire**, souvent associé à l'évasion fiscale, est une pratique très répandue dans les banques suisses pendant plusieurs décennies, avant d'être ancrée dans la loi sur les banques de 1934.

- En 1937, syndicats et patronat signent la **« paix du travail »**, afin de privilégier la conciliation et l'arbitrage dans les conflits sociaux.

Fascisme et neutralité

- Depuis 1922 en Italie **(Benito Mussolini)** et 1933 en Allemagne **(Adolf Hitler)**, les fascistes sont au pouvoir (gouvernement autoritaire, nationalisme exacerbé). En Suisse, des « fronts » (mouvements d'extrême droite) apparaissent, sans parvenir à percer dans les urnes.

  Le fascisme fait moins peur que le communisme (la Suisse ne reconnaît pas l'Union soviétique). En 1937, l'Université de Lausanne accorde à Mussolini un titre honorifique : il est fait docteur honoris causa.

- Après 1935, le contexte international est très tendu. L'Europe se prépare à la guerre, la Suisse aussi. La SDN se révèle impuissante. En 1938, la Confédération revient à la **neutralité** « intégrale » plutôt que « différentielle ».

  Après l'invasion italienne de l'Ethiopie en 1935, la Suisse refuse d'appliquer les sanctions économiques décidées par la SDN contre Mussolini.

Le soir du 9 novembre 1932, la gauche genevoise manifeste à Plainpalais contre la tenue d'une réunion de l'Union nationale, un mouvement fasciste antisémite dirigé par l'écrivain Géo Oltramare. A la demande du Conseil d'Etat, une compagnie de jeunes recrues est envoyée depuis Lausanne. La troupe tire dans la foule : il y a 13 morts et plus de 60 blessés. Aux élections de 1933, la gauche obtient la majorité au gouvernement genevois.

1939-1945

La Seconde Guerre mondiale

Encerclée par des pays en guerre, la Suisse organise sa défense et son quotidien.

Mobilisée, l'armée garde les frontières. En cas d'attaque, elle doit se replier dans un « réduit national » au cœur des Alpes. Le plan Wahlen permet de nourrir la population.

Matériellement et économiquement, la Suisse sort quasiment indemne du conflit.

Le 25 juillet 1940, le général Guisan réunit tous les officiers supérieurs de l'armée suisse sur la prairie du Grütli (⟶ p. 21). Il y tient un discours dont le contenu est incertain : il n'en existe ni version écrite, ni enregistrement. Ce qui compte d'abord dans la démarche, c'est la symbolique de l'endroit. Le général appelle ses troupes à « tenir » et livre une première esquisse de la stratégie du « réduit national ».

La « Mob »

- Le 1er septembre 1939, l'Allemagne nazie envahit la Pologne. C'est le début de la Seconde Guerre mondiale, qui oppose les puissances de l'Axe (Allemagne, Italie et Japon) aux Alliés (Etats-Unis, Grande-Bretagne, URSS et France).

  La Suisse est encerclée : l'Allemagne au nord et à l'est (Hitler ayant annexé l'Autriche en 1938) ; l'Italie au sud, en guerre dès 1940, puis occupée par l'Allemagne en 1943 ; la France à l'ouest, en guerre dès 1939, puis occupée par l'Allemagne de 1940 à 1944.

- Le 30 août 1939, alors que la guerre est imminente, l'Assemblée fédérale vote les pleins pouvoirs au Conseil fédéral et, comme prévu en temps de guerre, élit un général : le colonel vaudois **Henri Guisan**. Le 2 septembre, c'est la mobilisation générale de l'armée (« Mob »). En trois jours, 430 000 hommes arrivent sous les drapeaux. L'opération est renouvelée le 11 mai 1940, après l'offensive allemande à l'ouest.

  Paniquée par l'attaque allemande, une partie de la population bâloise et des zones proches de la frontière nord fuit dans le désordre vers la Suisse romande et la Suisse centrale.

- Les **mobilisations générales** durent chacune quelques semaines seulement. Le reste du temps, 150 000 soldats restent actifs. Lors de l'invasion alliée en Europe de l'Ouest en l'été 1944, craignant que les belligérants ne passent par la Suisse, 80 000 hommes supplémentaires sont mobilisés.

- L'armée suisse n'est que partiellement préparée à la guerre. Des innovations dans les domaines de la formation et de l'armement sont apportées durant le conflit. Globalement, le moral et la discipline dominent. Dix-sept soldats sont néanmoins condamnés à mort et exécutés pour trahison.

  Personnage populaire, le général Guisan incarne la Suisse neutre et armée. On lui reconnaît surtout des qualités de meneur d'hommes.

- L'espace aérien est souvent violé. La défense aérienne suisse abat 23 avions étrangers des deux camps. En 1944, les Américains bombardent Schaffhouse par erreur, faisant 40 morts. D'autres bombardements touchent accidentellement Genève et la gare de Renens (VD).

Le «réduit national»

- Dès 1940, les puissances de l'Axe encerclent la Suisse, dont la crainte principale est celle d'une invasion allemande.

- D'après la stratégie du «réduit national», en cas d'attaque, des unités mobiles légères se seraient opposées aux assaillants sur le Plateau, alors que le gros des forces se serait replié dans les Alpes, verrouillées en trois points fortifiés: Saint-Maurice (VS), Sargans (SG) et le Gothard. Les ponts et les tunnels auraient été détruits. Mais ce plan aurait eu un prix: en quittant ainsi le Plateau, l'armée aurait abandonné les trois quarts de la population civile, les grandes villes et les industries. En cas d'attaque, les autorités auraient continué à diriger le pays, mais retranchées dans les montagnes.

Pour mener à bien la stratégie du «réduit national», on construit un important réseau de fortifications dans les Alpes.

- Les Allemands préparent des plans d'invasion de la Suisse, sans jamais envisager de les appliquer. Ils ont tout intérêt à préserver l'appareil industriel et la place financière suisses, dont ils sont d'importants clients (→ p. 73), et à garder des axes de transport intacts à travers les Alpes.

La guerre favorise la réalisation de progrès sociaux. Dès la fin de 1939, le Conseil fédéral adopte des mesures destinées à compenser les effets du conflit. Ainsi, les soldats mobilisés reçoivent une indemnité pour perte de gain et voient leur contrat de travail dans le civil protégé. Les loyers sont bloqués et les contrats de location ne peuvent être résiliés sans motif valable. On instaure un système de contrôle des prix et on améliore les régimes d'assurance-chômage et d'allocations familiales.

Le plan Wahlen

- Dès septembre 1939, les biens de consommation commencent à être rationnés. Le plan Wahlen (du nom d'un haut fonctionnaire, futur conseiller fédéral, qui l'a préparé de son propre chef depuis 1935) prévoit l'extension des cultures et l'augmentation de la production agricole.

- Une importante propagande fait la promotion de l'opération, baptisée **«bataille des champs»**. L'objectif d'autarcie alimentaire (autosuffisance) de la Suisse ne sera jamais atteint, mais la population ne souffre pas trop du rationnement.

Les surfaces cultivées sont doublées: on sème dans les prairies, les parcs publics, les terrains de sport.

1939-1945

Les relations avec l'Allemagne

Malgré sa neutralité, la Suisse subit des pressions fascistes, intérieures et extérieures.

Les victoires nazies engendrent des tensions politiques à propos de l'attitude à adopter face à la nouvelle donne. Pour continuer à fonctionner, l'économie suisse dépend des exportations vers l'Allemagne.

Les échanges continus avec les nazis suscitent le mécontentement des Alliés.

La pression fasciste

- En 1940, alors que les Allemands viennent de battre la France, des voix se font entendre en Suisse pour que le pays s'adapte à ce qu'on appelle l'**« ordre nouveau »** : la victoire du fascisme en Europe.

- Juste après la signature de l'armistice entre la France et l'Allemagne en juin, le président de la Confédération et conseiller fédéral chargé des Affaires étrangères, le Vaudois **Marcel Pilet-Golaz**, prononce un discours peu clair où il est question de « renaissance intérieure ». D'autres membres du gouvernement se montrent ouverts au fascisme.

- Les « fronts » d'extrême droite (⇢ p. 69) refont leur apparition et réclament une refonte des institutions suisses en fonction de la nouvelle donne en Europe. Des leaders économiques prêtent également l'oreille à ces théories.

- Malgré la censure destinée à ménager les nazis, la presse critique cette ouverture au fascisme ; certains partis politiques aussi. Le Conseil fédéral finit par interdire tous les partis extrêmes : fascistes et communistes.

- Après 1940, les tensions politiques intérieures se résorbent, même si le mode de gouvernement demeure autoritaire. La guerre favorise, en outre, une sorte d'union sacrée nationale avec l'accession, en 1943, du premier socialiste au Conseil fédéral, le Zurichois Ernst Nobs.

  Ernst Nobs a fait de la prison pour avoir coorganisé les grèves de 1918.

Volontaires sur le front

Dès 1941, des hauts gradés et diplomates suisses favorables à Hitler organisent quatre « missions médicales », afin d'aller soigner des soldats – allemands uniquement – sur le front russe. A leur retour, on interdit aux volontaires de raconter les atrocités dont ils ont été témoins.

Malgré l'opposition du général Guisan, le Conseil fédéral et la Croix-Rouge ont donné leur aval à ces missions médicales, à condition qu'elles se fassent sous l'égide d'un comité officiellement privé.

Un bon client

- La Suisse continue à exporter une part importante de sa production vers l'Allemagne. La Confédération échange des matières premières (fer, charbon) contre des armes (60 % de l'industrie suisse d'armement entre 1941 et 1942 part en Allemagne), des machines et des outils.

- Les **nazis** ne relâchent pas leur pression sur la Suisse. Ils menacent constamment de rompre les échanges commerciaux. La fourniture de matières premières ne suffit pas à payer toutes les marchandises livrées par la Suisse, et l'Allemagne se fait octroyer des crédits toujours plus élevés.
  Un faible lien commercial est maintenu avec la Grande-Bretagne.

- La **place financière** helvétique continue elle aussi à tourner. Les Allemands y échangent de l'or, souvent issu du pillage des territoires occupés, contre des francs suisses, qui leur permettent d'aller s'approvisionner en matières premières dans d'autres pays.
  Les Alliés utilisent également la place financière suisse.

- Les **Alliés** accusent la Suisse de participer à l'effort de guerre allemand. Dès 1943, ils font de plus en plus pression pour que la Confédération réduise les échanges avec son voisin. Ce qu'elle fait, mais très progressivement. Le 8 mars 1945, deux mois avant la fin de la guerre, Alliés et Suisses signent un accord sur la suppression du commerce avec l'Allemagne.

Le 9 avril 1941, le Conseil fédéral crée par décret une marine suisse. Amputée de la plupart de ses voies traditionnelles d'approvisionnement (les ports de la Méditerranée par exemple) à cause de la guerre, la Confédération est contrainte d'acheter des navires de haute mer, qui pourront battre pavillon helvétique et naviguer ainsi en relative sécurité. Aujourd'hui, la marine suisse compte une flotte de quelque 25 bâtiments, basés dans différents ports européens, dont un tanker pour le pétrole, et près de 300 péniches pour la navigation fluviale depuis le port de Bâle, sur le Rhin.

1939-1945

Réécrire l’histoire

Depuis les années 1990, la Suisse remet en question son attitude face à l’Allemagne nazie.

Etait-il moralement acceptable pour les Suisses de commercer avec les nazis et de refouler des juifs aux frontières ? Objets de très violentes critiques, les banques doivent restituer les fonds en déshérence des victimes du nazisme.

La Confédération mandate des historiens pour réexaminer cette partie de son passé.

En janvier 1997, Christoph Meili, veilleur de nuit à l’UBS à Zurich, découvre qu’on y détruit des documents sur les fonds en déshérence. L’affaire sort dans la presse, et Meili est poursuivi pour violation du secret bancaire. Il finit par demander l’asile politique aux Etats-Unis, où il s’installe avec sa famille avant de rentrer en Suisse en 2009.

La Suisse sur la sellette

- Dès 1935, l’Allemagne nazie organise la ségrégation puis l’élimination méthodique des juifs. Environ six millions d’entre eux meurent dans les camps de concentration et d’extermination.

- Après la guerre, les historiens décrivent la Suisse comme un petit pays neutre et résistant, seul au milieu de la tourmente. Mais, peu à peu, le débat s’ouvre sur la moralité de l’attitude de la Suisse face au régime hitlérien, remettant en cause le travail des historiens.

- Dès 1995, les Etats-Unis et le **Congrès juif mondial** formulent de violentes critiques à l’égard de la Suisse :
  – on rappelle que la Banque nationale a reçu de l’or volé par les nazis ;
  – on découvre que les banques ont gardé dans leurs coffres d’importantes sommes d’argent déposées par des juifs victimes de l’Holocauste (fonds en déshérence) ;
  – on accuse la Confédération d’avoir refoulé des juifs en Allemagne, les condamnant ainsi à une mort certaine ;
  – on affirme que, par ses liens économiques avec l’Allemagne, la Suisse a contribué à l’effort de guerre nazi et prolongé le conflit (→ p. 73).

- Sous pression, le Conseil fédéral instaure le 13 décembre 1996 la Commission indépendante d’experts Suisse – Seconde Guerre mondiale, dite **Commission Bergier**, du nom de son président, l’historien Jean-François Bergier. Elle a pour mission de faire la lumière sur les relations entre la Suisse et l’Allemagne nazie de 1933 à 1945. Le « Rapport Bergier » est rendu fin 2001.

- Menacées de boycott dans l’affaire des fonds en déshérence, les banques concluent un **accord global** en 1998 : elles s’engagent à restituer 1,25 milliard de dollars à leurs ayants droit.

En 1946, les Etats-Unis ont déjà forcé la Suisse à rendre aux Alliés pour l’équivalent de 58 millions de dollars d’or et une partie des avoirs allemands.

La question des réfugiés

- Ilot libre dans une Europe occupée, la Suisse attire les réfugiés, dont des juifs fuyant la persécution nazie. Mais la politique d'asile de la Confédération est très restrictive. Dès 1933, les requérants d'asile doivent justifier qu'ils font l'objet dans leur pays non seulement de poursuites raciales, mais aussi politiques.

  En 1938, c'est sur proposition de la Suisse que les nazis introduisent le tampon « J » sur les passeports des juifs allemands.

- L'élimination des juifs par les nazis est connue en Suisse. Mais on leur accorde difficilement le statut de réfugié politique. **« La barque est pleine »**, lâche en 1942 le conseiller fédéral Eduard von Steiger. Les Chambres, les cantons et l'armée soutiennent la politique du gouvernement. La population proteste peu. Les frontières ne s'ouvrent qu'à partir de juillet 1944.

- Selon le « Rapport Bergier », la Suisse a accueilli 60 000 réfugiés civils entre 1939 et 1945, dont à peine une moitié de juifs. Ce chiffre est contesté par certains historiens.

  En Suisse, 100 000 soldats (surtout français et polonais) ont été recueillis.

- Le nombre de réfugiés refoulés aux frontières est plus difficile à évaluer : la Commission Bergier parle de 20 000 cas, dont une majorité de juifs. Ce chiffre est aussi contesté.

Certains Suisses se sont distingués par leur engagement à sauver des juifs promis à une mort certaine. Le plus célèbre est le commandant de la police saint-galloise Paul Grüninger, qui a contourné les lois pour faire entrer des réfugiés en Suisse entre 1938 et 1939. Condamné, il n'a été réhabilité qu'à titre posthume en 1995. Carl Lutz est moins connu : par son acharnement administratif, le consul de Suisse à Budapest (Hongrie) a sauvé des dizaines de milliers de vies. Il a été réhabilité de son vivant, en 1958.

Le débat continue...

- Le « Rapport Bergier » dresse un portrait relativement critique de la Suisse durant la guerre, même s'il ne prétend pas répondre à toutes les interrogations.

  Quelques révélations du « Rapport Bergier » :

  - *grâce au dynamisme commercial des CFF et avec l'appui du Syndicat des cheminots, le transit ferroviaire à travers les Alpes entre l'Allemagne et l'Italie a contribué à l'effort de guerre nazi ;*
  - *au moins 11 000 étrangers déportés, prisonniers de guerre et civils, ont été forcés de travailler dans des filiales allemandes d'entreprises suisses (Maggi, Brown Boveri, Nestlé), souvent exploités, mal nourris et mal logés.*

- Certains, surtout au sein de la génération qui a vécu la guerre, estiment que la Suisse n'a pas à réévaluer ainsi son histoire et qu'il est difficile de juger des actes alors que la situation a changé.

1945-1975

Les Trente Glorieuses

Après la guerre, la Suisse connaît trois décennies de prospérité économique.

L'industrie tourne à plein régime et a besoin d'une importante main-d'œuvre étrangère. Celle-ci, bien qu'indispensable à l'économie, subit parfois le rejet de la population locale.

Bien qu'ancré à l'Ouest, le pays commerce avec le bloc communiste, tout en s'armant contre une éventuelle invasion soviétique.

La prospérité économique

La Suisse est l'un des seuls Etats européens dont l'appareil industriel est intact après la guerre. Contrairement à 1918, la crise redoutée ne se produit pas. Au contraire, le pays vit trente ans de prospérité : les Trente Glorieuses.

Dans les années 1960, l'économie suisse tourne à plein régime ; c'est ce qu'on appelle la « surchauffe ». Les ménages en profitent et s'enrichissent, mais le Conseil fédéral doit prendre des mesures d'urgence pour lutter contre l'inflation (hausse des prix).

L'immigration

- En un siècle, la population suisse double, passant de 3,3 millions en 1900 à 7,2 millions en 2000. Une meilleure qualité de vie compense en partie la baisse de la natalité : on fait moins d'enfants, mais on vit plus vieux.

- Une importante population immigrée vient compenser le faible taux de reproduction des Suisses. Des étrangers, surtout italiens, mais aussi espagnols et portugais, viennent chercher du travail en Suisse. Le pays leur ouvre grand ses portes, car son économie a besoin de bras.

- Dans les années 1960, la surchauffe économique, les difficultés d'intégration et un **courant xénophobe** dans la population poussent les autorités à limiter le nombre d'immigrés.

  En 1970, l'initiative Schwarzenbach (du nom d'un leader d'extrême droite) contre la surpopulation étrangère n'est rejetée qu'à 54 %. En 1968 et 1974, deux autres initiatives allant dans le même sens sont plus nettement repoussées.

Dans les années 1990, les immigrés italiens sont supplantés en nombre par les populations balkaniques. Les guerres en Yougoslavie provoquent l'arrivée en Suisse de nombreux réfugiés bosniaques, croates, kosovars, serbes, etc. La politique d'asile est désormais au cœur du problème des migrations. Aujourd'hui, une personne sur cinq et un travailleur sur quatre en Suisse sont étrangers. Un habitant sur trois est issu de l'immigration.

Transports et énergie

- Le **réseau ferroviaire** demeure dense et moderne, même si de petites lignes secondaires sont menacées ou supprimées. La Suisse commence à se doter d'autoroutes dès 1959, avec le tronçon Genève–Lausanne. On perce des tunnels routiers, comme au Grand-Saint-Bernard, premier tunnel routier transalpin, ouvert en 1964.

  Aujourd'hui, la Suisse continue de creuser à travers les Alpes : tunnel routier du Gothard (1980), nouveaux tubes ferroviaires au Lötschberg (2007) et au Gothard (prévu pour 2018).

- « Château d'eau de l'Europe », la Suisse exploite son énergie hydraulique pour en faire de l'électricité. On construit des **barrages** au fond des vallées, surtout en Valais, créant des lacs artificiels.

  Le barrage de la Grande-Dixence, construit de 1953 à 1961, est le plus haut barrage du monde dans sa catégorie avec ses 285 mètres.

Après 1945, le Conseil fédéral est favorable à ce que la Suisse se dote de l'arme atomique dans le cadre de sa politique de défense. Au milieu des années 1950, la Confédération achète en grand secret 10 tonnes d'uranium à la Grande-Bretagne ; la moitié est affectée à l'armée. En 1959, la Suisse demande à la France, toujours en secret, de l'aider « pour son armement atomique ». Mais, dès le milieu des années 1960, le Conseil fédéral préfère définitivement privilégier l'armement conventionnel. En revanche, on construit des centrales nucléaires pour l'alimentation en énergie.

La Suisse et la Guerre froide

- Après 1945, le monde se scinde en **deux blocs** : l'Ouest contre l'Est (Etats-Unis et Alliés contre URSS et satellites communistes). Cette opposition sans confrontation directe est appelée « guerre froide ». Officiellement neutre, et bien qu'intégrée dans le camp occidental, la Suisse veut favoriser ses intérêts économiques dans les deux camps sans froisser personne.

  La Confédération reconnaît officiellement l'URSS en 1946. Elle avait refusé de le faire depuis 1917.

- Dans la population, le sentiment anticommuniste est relativement fort. Il est exacerbé par deux tentatives avortées de soulèvement contre les régimes communistes, en Hongrie en 1956, puis en Tchécoslovaquie en 1968. Dans les deux cas, la Suisse ouvre grand ses portes à 12 000 réfugiés.

- La crainte d'une invasion communiste en Europe de l'Ouest influence aussi la stratégie de défense de l'armée suisse, qui entretient et développe son appareil défensif : réseau de fortification, modernisation de l'armement.

  La construction des autoroutes répond aussi à des besoins militaires. Certains tronçons sont conçus pour servir de piste de décollage et d'atterrissage aux avions de chasse.

1945 - aujourd'hui

L'évolution politique

Après la guerre, la Suisse connaît une grande stabilité politique.

L'octroi du droit de vote aux femmes (1971) et la création d'un 23e canton dans le Jura (1979) passionnent les esprits.

Depuis 1959, un gouvernement de coalition des principaux partis (droite et gauche) dirige le pays en pratiquant des compromis.

Le règne du compromis

- De 1954 à 1958, il n'y a plus de socialiste au Conseil fédéral, le Zurichois Max Weber ayant démissionné en 1953, après le rejet en votation de son programme financier. Dans l'opposition, le PS revendique deux sièges. En 1958, l'Assemblée fédérale élit deux conservateurs-chrétiens sociaux (futur PDC), deux radicaux, deux socialistes et un agrarien (future UDC). Cette **«formule magique»** de gouvernement, cultivant les compromis et évitant les affrontements, mais favorisant une certaine lenteur décisionnelle, vivra jusqu'en 2003.

  En 1970, le Parti conservateur-chrétien social (ex-catholique-conservateur) est rebaptisé en Parti démocrate-chrétien (PDC). En 1971, le Parti des paysans, artisans et indépendants (PAI) devient l'Union démocratique du centre (UDC).

- Les années 1990 voient les rapports politiques se durcir entre la gauche et la droite. L'**UDC** adopte une position nationaliste et sécuritaire, double son électorat en quelques années, au détriment des radicaux et du PDC. En 2003, l'UDC remporte un second siège au Conseil fédéral, aux dépens du PDC.

  Des petits partis tentent d'exister: extrême droite, communistes, indépendants, écologistes. Ces derniers (les Verts), apparus dans les années 1970, connaissent aujourd'hui un certain succès.

Le vote féminin

En Suisse, certaines évolutions sociales comme le droit de vote des femmes tardent à s'imposer. En 1959, un premier projet en faveur du scrutin féminin au niveau fédéral échoue. Au même moment, Vaud et Neuchâtel sont les premiers à accorder le droit de vote aux femmes au niveau cantonal; Genève suit en 1960. Les autres cantons l'instaurent peu à peu. Au niveau fédéral, le droit de vote des femmes est introduit en 1971.

A Appenzell, il faut attendre 1989 (la landsgemeinde dit oui dans les Rhodes-Extérieures) et 1990 (un arrêt du Tribunal fédéral l'impose aux Rhodes-Intérieures) pour que les femmes obtiennent le droit de vote au niveau cantonal.

Jusqu'en 1961, l'hymne national suisse s'intitule «O monts indépendants», texte écrit en 1911 par le Bernois Johann Wyss. Il se chante sur la musique de «God Save the Queen», l'hymne britannique. Cette trop grande similitude pousse le Conseil fédéral à en changer. En 1981, il choisit définitivement le «Cantique suisse», composé en 1841 par l'Uranais Alberyk Zwyssig sur un texte patriotique du Zurichois Leonhard Widmer.

Un nouveau canton : le Jura

- Depuis 1815, l'ancien évêché de Bâle (Jura, Jura bernois et vallée de Laufon actuels) appartient au canton de **Berne**. Après 1945, une partie de la population revendique la séparation d'avec Berne et la création d'un 23e canton suisse. Le débat devient passionné. Les séparatistes usent de moyens à la limite du terrorisme.

- Après un premier refus en 1959, la population de la région accepte le principe d'autodétermination en 1970. En 1974, elle vote de justesse la séparation. Mais Berne a prévu un scrutin par district, puis par commune, pour savoir lesquels veulent vraiment l'indépendance.

- Le nord catholique choisit de devenir un canton, le sud protestant préfère rester bernois. Une votation fédérale entérine la création du canton du **Jura** en **1978**, qui devient effective le 1er janvier 1979.

JU

La vallée de Laufon, germanophone et catholique, reste bernoise dans un premier temps, avant de choisir d'être intégrée au canton de Bâle-Campagne en 1994.

- Le débat reste ouvert sur le sort du Jura bernois : doit-il rejoindre le jeune canton ?

Depuis 1994, une Assemblée interjurassienne s'efforce de créer des ponts entre les deux régions et d'entretenir le dialogue.

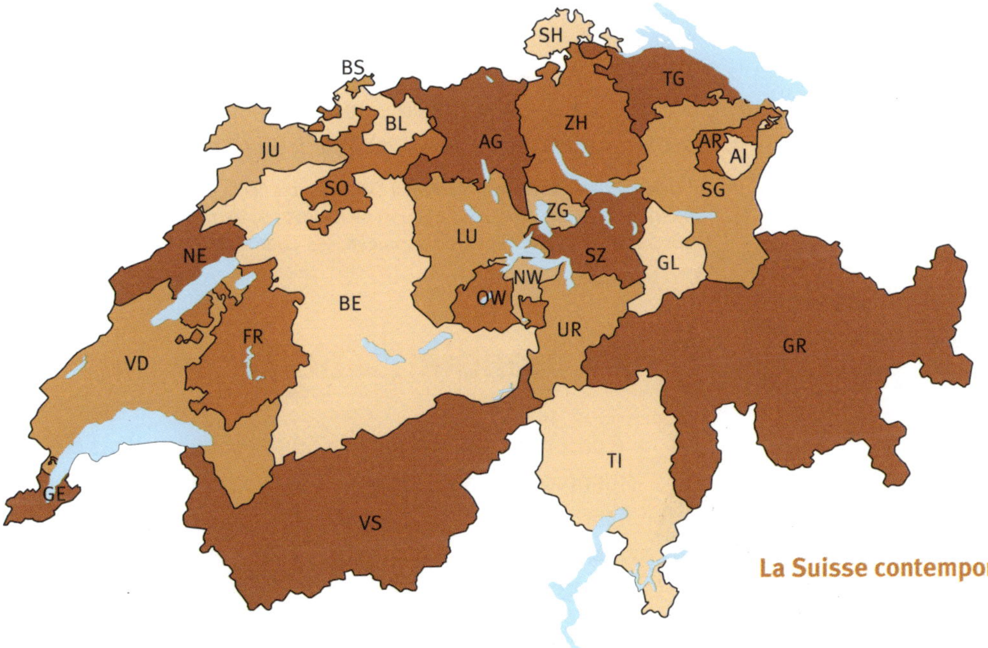

La Suisse contemporaine

1945 - aujourd'hui

La Suisse et le monde

Après la chute du communisme, la Confédération doit adapter sa politique extérieure.

Déjà active sur la scène internationale par ses « bons offices », la Suisse adhère à l'ONU en 2002. En revanche, elle demeure en dehors de la construction européenne.

Depuis les années 1990, le pays doit répondre aux défis de la globalisation de l'économie.

La compagnie nationale Swissair (fondée en 1931) a longtemps servi de vitrine à la perfection helvétique. Le 2 octobre 2001, c'est la débâcle : les avions restent cloués au sol (« grounding »). Victime de la mauvaise conjoncture et d'une stratégie d'acquisitions qui lui a fait perdre des milliards, Swissair est en faillite. Une nouvelle compagnie, Swiss, est créée.

Les organisations internationales

- En 1945, les vainqueurs de la Seconde Guerre mondiale créent l'Organisation des Nations Unies **(ONU)**, successeur de la SDN, chargée de maintenir la paix et la sécurité dans le monde. La Suisse n'y adhère pas, mais accueille à Genève son siège européen.

  Genève devient le siège de dizaines d'organisations internationales actives dans tous les domaines (politique, économie, technique, humanitaire).

- Le Conseil fédéral revoit sa position sur l'adhésion à l'ONU, mais essuie un refus net devant le peuple en 1986. Après un nouveau vote en 2002 (54 % de oui, 12 cantons contre 11), la Confédération adhère à cette organisation.

  Après 1945, la Suisse adhère à plusieurs organisations internationales (Francophonie, Unesco, etc.).

- La Confédération sert parfois d'intermédiaire dans des conflits internationaux ou représente les intérêts de pays en rupture diplomatique (Etats-Unis et Cuba, Etats-Unis et Iran). C'est la politique dite des **« bons offices »**.

Un nouveau visage

Après la chute du communisme (dès 1989), la Suisse doit s'adapter au nouvel équilibre international. Plus active sur la scène internationale, elle n'intervient que sur mandat de l'ONU.

Un contingent de l'armée suisse, la Swisscoy, participe depuis 1999 à une force internationale de maintien de la paix au Kosovo, en ex-Yougoslavie. Depuis 2001, à la suite d'une votation populaire, ces soldats sont armés.

La mondialisation et le doute

A partir des années 1990, la Suisse subit les aléas de la mondialisation. Confronté aux licenciements, au chômage (surtout en Suisse romande), aux faillites, aux fusions et aux délocalisations, le pays doit admettre une certaine vulnérabilité. Le modèle de perfection helvétique, que certains croyaient inébranlable, est mis à l'épreuve.

Faut-il adhérer à l'Europe ?

- Depuis la fin de la Seconde Guerre mondiale, des pays d'Europe occidentale cherchent à unir leurs forces. Ce processus d'« intégration européenne » aboutit à la création de la Communauté économique européenne (CEE) en 1957, devenue **Union européenne** (UE) en 1992.

- La Suisse ne veut pas mettre en péril son indépendance et sa **neutralité** en adhérant à des organisations supranationales. Elle ne participe pas à la création de la CEE. En 1959, elle est l'un des membres fondateurs de l'Association européenne de libre-échange (AELE), moins contraignante.

  En 1947, la Suisse adhère à ce qui deviendra l'OCDE (Organisation de coopération et de développement économique). En 1963, elle rejoint le Conseil de l'Europe, créé en 1949.

- En 1992, la Suisse change de cap : le Conseil fédéral dépose une demande d'adhésion à l'UE. Cependant, le 6 décembre, le peuple (50,3 %) et les cantons (16 contre 7) disent non à l'EEE, (Espace économique européen, association entre la CEE et l'AELE, sorte de solution intermédiaire aux yeux de la Suisse). La question suscite un vif débat et fait réapparaître le **« Röstigraben »**, entre Romands, en majorité proeuropéens, et Alémaniques, plutôt contre.

  Il y a aussi une différence de vues entre villes et campagnes.

- Isolée, la Suisse négocie des **accords bilatéraux** avec l'UE (libre circulation des personnes, libéralisation du trafic poids lourds, reconnaissance des diplômes, etc.). Il s'agit d'obtenir des avantages, sans avoir besoin d'adhérer à l'Union. Les accords entrent en vigueur à partir de 2002.

  La demande d'adhésion à l'UE est aujourd'hui gelée.

Si internet est né aux Etats-Unis dans les années 1960, c'est au CERN (Centre européen de recherche nucléaire), près de Genève, que l'on a inventé en 1990 le « World Wide Web » (toile d'araignée mondiale). Deux chercheurs, Tim Berners-Lee et Robert Cailliau, mettent au point le système hypertexte. Il s'agit d'un mode de navigation permettant d'établir des liens entre des documents figurant sur des ordinateurs différents. Le « www », qui figure au début des adresses internet, permet aujourd'hui encore de naviguer sur le web.

Annexes

Chronologie

Suisse

450 000 av. J.-C.
Plus ancienne trace d'occupation humaine en Suisse
(→ p. 8)

4300 av. J.-C.
Occupation des bords de certains lacs par des peuples lacustres
(→ p. 9)

800 av. J.-C.
Des peuples celtes sur le territoire suisse
(→ p. 10)

−3 000 000 −800 000 −200 000 −50 000 −12 000 −3200 −800 −400

Préhistoire | Antiqu

Monde

2 500 000 av. J.-C.
L'espèce humaine apparaît en Afrique

450 000 av. J.-C.
Domestication du feu

6000 av. J.-C.
Premières villes en Mésopotamie

3000 av. J.-C.
Débuts de l'écriture à Sumer (Irak actuel)

2600 av. J.-C.
Construction des pyramides d'Egypte

753 av. J.-C.
Fondation de Rome

RE 200 ET
AV. J.-C.
ée des Helvètes
e territoire suisse
ɔ. 11)

v. J.-C.
ration ratée des
ètes, début de la
nisation romaine
ɔ. 12)

350
Arrivée du christianisme en Suisse (→ p. 15)

401
Départ des Romains (→ p. 13)

500
Début de la séparation entre germanophones et francophones (→ p. 15)

550
Les Francs contrôlent tout le territoire suisse (→ p. 16)

1032
Le territoire suisse fait partie du Saint Empire romain germanique (→ p. 17)

1291
Pacte entre Uri, Schwytz et Unterwald (→ p. 20)

1386
Bataille de Sempach (→ p. 23)

1315
Bataille de Morgarten (→ p. 22)

1476
Bataille de Morat (→ p. 25)

1334
Un incendie ravage une partie de Genève

100 — 300 — 500 — 700 — 900 — 1100 — 1300 — 1500 — 1700

	Moyen Age	Temps modernes

v. J.-C.
ssinat
les César

AV. J.-C.
aissance de Jésus
ate la plus plausible
lon les historiens)

476
Chute de Rome

391
Le christianisme devient la religion officielle de l'Empire romain

632
Mort de Mahomet, fondateur de l'Islam

800
Couronnement de Charlemagne

1095
Première croisade

1348 – 1349
Grande peste (plus de 25 millions de morts en Europe)

1431
Jeanne d'Arc brûlée vive à Rouen

1440
Gutenberg met au point l'imprimerie

1453
Les Turcs prennent Constantinople

Représentation proportionnelle des cinq grandes périodes de l'histoire

Préhistoire	Antiquité	Moyen Age	TM	EC

Chronologie

Suisse

1499
Indépendance juridique de la Suisse (→ p. 26)

1515
Défaite des Confédérés face à la France à Marignan ; début de la neutralité (→ p. 27)

1519
Début de la Réforme en Suisse (→ p. 30)

1529
Guerres de Kappel (→ p. 31)

1536
Extension de la Confédération en Suisse romande (→ p. 34)

1541
Jean Calvin instaure une théocratie à Genève (→ p. 33)

1602
Les Savoyards attaquent Genève (Escalade) (→ p. 35)

1648
Indépendance totale de la Suisse (→ p. 36)

1670
Dernière apparitio de la pes en Suiss

1510 1530 1550 1570 1590 1610 1630 1650 1670

Temps modernes

Monde

1492
Christophe Colomb découvre l'Amérique

1506
Construction de la basilique Saint-Pierre de Rome

1517
Martin Luther lance la Réforme (protestantisme)

1519
Départ de Magellan vers les Indes

1565
Les Espagnols fondent la première colonie en Amérique du Nord

1600
Création de la Compagnie anglaise des Indes orientales

1618
Début de la guerre de Trente Ans

1635
Fondation de l'Académie française par Richelieu

1648
Traité de Westphalie

1673
Mort d Molièr

1863
Création du Comité international de la Croix-Rouge (CICR) (→ p. 59)

1815
Pacte fédéral, Restauration (→ p. 48)

1847
Guerre civile du Sonderbund (→ p. 50)

VIIIe SIÈCLE
ébuts du tourisme n Suisse (→ p. 37)

1798
République helvétique (→ p. 44)

1848
Constitution fédérale (→ p. 54)

1803
Acte de médiation (→ p. 45)

1830
Début de la libéralisation politique, Régénération (→ p. 49)

1710 1730 1750 1770 1790 1810 1830 1850 1870 1890

Epoque contemporaine

1705
Invention de la machine à vapeur

1789
Révolution française

1848
Révolutions en Europe

1791
Mort de W. A. Mozart

VIIIe SIÈCLE
iècle des lumières

1870
Guerre franco-allemande

1815
Bataille de Waterloo, chute de Napoléon

1776
Indépendance des Etats-Unis

1870
Commune de Paris

cation de de Nantes

1802
Premier chemin de fer au sud de Londres

1860
Unité italienne

1814–1815
Congrès de Vienne et Traité de Paris

Chronologie

Suisse

1874
Révision de la Constitution fédérale (→ p. 57)

1880
Création de l'Union syndicale suisse (USS) (→ p. 63)

1888
Création du Parti socialiste (→ p. 63)

1891
Introduction du droit d'initiative

1891
Le 1er Août est décrété Fête nationale

1902
Création des Chemins de fer fédéraux (CFF) (→ p. 60)

1907
Création de la Banque nationale suisse

1914
Le général Ulrich Wille à la tête de l'armée (→ p. 66)

1918
Introduction de la représentation proportionnelle au Conseil national (→ p. 68)

1918
Grève générale de trois jours (→ p. 67)

1920
Adhésion à la Société des nations (SDN) (→ p. 68)

1937
Paix du trava
entre patrons
et syndicats
(→ p. 69)

1939
Mobilisati
générale
(→ p. 70)

1940
Stratégi
«réduit
nationa
(→ p. 7

1870 — 1880 — 1890 — 1900 — 1910 — 1920 — 1930 — 1940

Epoque contemporaine

Monde

1871
Unité allemande

1876
Graham Bell invente le téléphone

1884
Première automobile

1889
Inauguration de la tour Eiffel à Paris

1895
Invention du cinématographe par les frères Lumière

1914 – 1918
Première Guerre mondiale

1917
Révolution russe

1919
Traité de Versailles

1922
Création de l'URSS

1929
Krash boursier à New Yor

1933
Adolf Hitler accède au pouvoir en Allemagne

1939 – 19
Seconde Guerre mondiale

1960
Assurance-invalidité (AI)

1996
Débat sur le rôle de la Suisse pendant la Seconde Guerre mondiale, Commission Bergier (→ p. 74)

rance-vieillesse
rvivants (AVS)

1978
Création du canton du Jura (→ p. 79)

1959
« Formule magique » au Conseil fédéral (→ p. 78)

2002
Adhésion à l'ONU (→ p. 80)

1992
Rejet de l'Espace économique européen (→ p. 81)

1971
Droit de vote des femmes au niveau fédéral (→ p. 78)

1960 1970 1980 1990 2000

Epoque contemporaine

1957
Premier satellite artificiel en orbite

1999
Guerre du Kosovo

1991
Guerre du Golfe

1969
Création d'Arpanet, réseau ancêtre d'internet

2003
Intervention américaine en Irak

1957
Fondation de la Communauté économique européenne (future UE)

1989
Chute du Mur de Berlin

2001
Attentats du 11 septembre à New York

be atomique
iroshima (le 6 août)

1969
Premier homme sur la Lune

1991
Abolition de l'apartheid en Afrique du Sud

1963
Assassinat de John F. Kennedy

1994
Génocide au Rwanda

1959–1975
Guerre du Vietnam

1995
Massacre de Srebrenica en Bosnie

Les 26 cantons

La Suisse est composée de 20 cantons et 6 cantons partagés (« canton partagé » est l'appellation officielle ; dans le langage courant, on parle de « demi-canton »).

Appenzell Rhodes-Extérieures (AR)

Entrée dans la Confédération : 1513
Chef-lieu : Herisau
Population : 52 600
Superficie : 243 km²
Langue : allemand

Appenzell Rhodes-Intérieures (AI)

Entrée dans la Confédération : 1513
Chef-lieu : Appenzell
Population : 15 500
Superficie : 173 km²
Langue : allemand

Argovie (AG)

Entrée dans la Confédération : 1803
Chef-lieu : Aarau
Population : 581 600
Superficie : 1404 km²
Langue : allemand

Bâle-Campagne (BL)

Entrée dans la Confédération : 1501
Chef-lieu : Liestal
Population : 269 100
Superficie : 517 km²
Langue : allemand

Bâle-Ville (BS)

Entrée dans la Confédération : 1501
Chef-lieu : Bâle
Population : 185 200
Superficie : 37 km²
Langue : allemand

Berne (BE)

Entrée dans la Confédération : 1353
Chef-lieu : Berne
Population : 963 000
Superficie : 5959 km²
Langues : allemand et français

Fribourg (FR)

Entrée dans la Confédération : 1481
Chef-lieu : Fribourg
Population : 263 200
Superficie : 1671 km²
Langues : français et allemand

Genève (GE)

Entrée dans la Confédération : 1815
Chef-lieu : Genève
Population : 438 200
Superficie : 282 km²
Langue : français

Glaris (GL)

Entrée dans la Confédération : 1352
Chef-lieu : Glaris
Population : 38 200
Superficie : 685 km²
Langue : allemand

Grisons (GR)

Entrée dans la Confédération : 1803
Chef-lieu : Coire
Population : 188 800
Superficie : 7105 km²
Langues : allemand, romanche, italien

Jura (JU)

Entrée dans la Confédération : 1979
Chef-lieu : Delémont
Population : 69 600
Superficie : 839 km²
Langue : français

Lucerne (LU)

Entrée dans la Confédération : 1332
Chef-lieu : Lucerne
Population : 363 500
Superficie : 1493 km²
Langue : allemand

Neuchâtel (NE)

Entrée dans la Confédération : 1815
Chef-lieu : Neuchâtel
Population : 169 800
Superficie : 803 km^2
Langue : français

Nidwald (NW)

Entrée dans la Confédération : 1291
Chef-lieu : Stans
Population : 40 300
Superficie : 276 km^2
Langue : allemand

Obwald (OW)

Entrée dans la Confédération : 1291
Chef-lieu : Sarnen
Population : 34 000
Superficie : 491 km^2
Langue : allemand

Saint-Gall (SG)

Entrée dans la Confédération : 1803
Chef-lieu : Saint-Gall
Population : 466 000
Superficie : 2026 km^2
Langue : allemand

Schaffhouse (SH)

Entrée dans la Confédération : 1501
Chef-lieu : Schaffhouse
Population : 74 500
Superficie : 299 km^2
Langue : allemand

Schwytz (SZ)

Entrée dans la Confédération : 1291
Chef-lieu : Schwytz
Population : 141 000
Superficie : 908 km^2
Langue : allemand

Soleure (SO)

Entrée dans la Confédération : 1481
Chef-lieu : Soleure
Population : 250 200
Superficie : 791 km^2
Langue : allemand

Tessin (TI)

Entrée dans la Confédération : 1803
Chef-lieu : Bellinzone
Population : 328 600
Superficie : 2812 km^2
Langue : italien

Thurgovie (TG)

Entrée dans la Confédération : 1803
Chef-lieu : Frauenfeld
Population : 238 300
Superficie : 991 km^2
Langue : allemand

Uri (UR)

Entrée dans la Confédération : 1291
Chef-lieu : Altdorf
Population : 35 000
Superficie : 1077 km^2
Langue : allemand

Valais (VS)

Entrée dans la Confédération : 1815
Chef-lieu : Sion
Population : 298 600
Superficie : 5225 km^2
Langues : français et allemand

Vaud (VD)

Entrée dans la Confédération : 1803
Chef-lieu : Lausanne
Population : 672 000
Superficie : 3212 km^2
Langue : français

Zoug (ZG)

Entrée dans la Confédération : 1352
Chef-lieu : Zoug
Population : 109 100
Superficie : 239 km^2
Langue : allemand

Zurich (ZH)

Entrée dans la Confédération : 1351
Chef-lieu : Zurich
Population : 1 307 600
Superficie : 1729 km^2
Langue : allemand

Suisse (CH)

Ville fédérale* : Berne
Population : 7 590 000
Superficie : 41 300 km^2
Langues : allemand, français, italien, romanche

* *En Suisse, le terme « capitale » n'apparaît pas dans les documents officiels.*

Index

..."F" COMME FINI...
..."O" COMME OUF !

Dans la collection LEP-Références

www.editionslep.ch

Institutions politiques suisses
ISBN : 978-2-606-01145-1

Schweiz in Sicht
Ed. Lehrmittelverlag Zurich
ISBN : 978-3-03713-182-4

Istituzioni politiche svizzere
ISBN : 978-2-606-01276-2

Swiss Political Institutions
ISBN : 978-2-606-01295-3

Economie suisse
ISBN : 978-2-606-01199-4

Droit suisse
ISBN : 978-2-606-01198-7

Institutions politiques européennes
ISBN : 978-2-606-01256-4

Environnement construit
ISBN : 978-2-606-01190-1

Umwelt und Baukultur
ISBN : 978-2-606-01208-3

Le football
ISBN : 978-2-606-01222-9

Schweiz am Ball
Ed. Lehrmittelverlag Zurich
ISBN : 978-3-03713-309-5